ADMINISTRAÇÃO HOTELEIRA

PARTE I - DEPARTAMENTOS

ADMINISTRAÇÃO HOTELEIRA

PARTE I – DEPARTAMENTOS

FRANCISCO DE LA TORRE

ROCA

Traduzido do Original
Administración Hotelera
Primer curso: división cuartos

ISBN: 968-24-1070-3

ISBN: 968-24-3871-3

ISBN: 85-7241-333-2

Dados Internacionais de Catalogação na Publicação (CIP)
(Câmara Brasileira do Livro, SP, Brasil)

Torre, Francisco de la
Administração hoteleira, parte I : departamentos / Francisco de la Torre ; [tradução Dolores Martin Rodriguez Corner]. — São Paulo : Roca, 2001.

Título original: Administración hotelera.
ISBN 85-7241-333-2

1. Hotéis – Administração I. Título.

01-1005 CDD–647.94

Índices para catálogo sistemático:

1. Hotéis : Administração 647.94
2. Hotelaria 647.94

2001

Todos os direitos para a língua portuguesa são reservados pela

EDITORA ROCA LTDA.
Rua Dr. Cesário Mota Jr., 73
CEP 01221-020 – São Paulo – SP
Tel.: (11) 221-8609 – Fax: (11) 220-8653
e-mail: edroca@uol.com.br – www.editoraroca.com.br

Impresso no Brasil
Printed in Brazil

Prefácio

Administração Hoteleira, parte I, foi elaborado com a finalidade de apresentar ao aluno uma visão geral sobre esse tema.

Este é o primeiro de dois volumes e consta de treze unidades, sendo cada uma composta por duas partes. A primeira parte consiste em um texto no qual se desenvolve o tema correspondente. Cada texto está enriquecido com ilustrações alusivas. Ao final de cada unidade, apresentam-se exercícios com finalidades específicas: reforçar algum tópico, propiciar a criatividade dos alunos e induzi-los à pesquisa.

O objetivo principal é fazer com que os alunos aprendam. A variedade desses exercícios é ampla para permitir que o processo ensino–aprendizagem seja eficaz e agradável.

Em geral, os exercícios de reforço apresentam respostas curtas: de completar, de múltipla escolha, de verdadeiro ou falso e de relacionar os pares. Aqueles direcionados à criatividade dos alunos são os relativos a formas e os que solicitam a elaboração de diálogos sobre algum tópico ligado ao setor hoteleiro; estes últimos deverão ajustar-se às diretrizes estabelecidas pelo professor-coordenador do curso. Finalmente, os exercícios incluídos para propiciar a pesquisa são os que sugerem aos alunos visitas aos diversos departamentos dos hotéis ou consultas bibliográficas específicas para desenvolver ou ampliar algum tema interessante.

Contém também uma relação de respostas dos exercícios propostos; é importante esclarecer que não há respostas para todos eles, pois alguns estão relacionados com a criatividade ou a capacidade de pesquisa do aluno.

Há ainda um guia didático com orientações ao professor e sugestões de exercícios.

Índice

Unidade I

Histórico da Indústria Hoteleira

O termo deslocamento está geralmente vinculado ao termo alojamento, e, para voltarmos às origens da atual indústria hoteleira, é preciso fazer referência aos povos antigos, que, por razões religiosas, de comércio ou de conquista, tiveram a necessidade de deslocar-se de seu ambiente a outros povos.

Muitos são os povos antigos que se pode citar, mas um dos mais destacados foram os romanos, no qual nos situaremos, por ter estendido seu império às terras que rodeavam o Mediterrâneo.

No século VI a.C., Roma era habitada por latinos e etruscos; época de grande prosperidade para os romanos ou latinos; como conseqüência estes expulsaram os etruscos de Roma e, 250 anos mais tarde, se apoderaram de toda a península italiana.

No século IV a.C., Roma governava a Itália Central, o que trouxe a necessidade de construir caminhos para que os homens transitassem, e para tanto o imperador romano Apio Claudio construiu nesse século a Via Apia, que se constituiu no primeiro caminho romano.

Posteriormente, a rede de caminhos estendeu-se até o sul da Itália, de onde advém a frase: "Todos os caminhos conduzem a Roma". Esses deslocamentos humanos de seu ambiente de vida a outras terras implicavam a necessidade de alojar-se em algum lugar, e os romanos geralmente se alojavam em casas particulares, em templos pagãos das cidades ou em acampamentos fora destas.

Durante o século III a.C., Cartago era uma colônia fenícia localizada ao norte da África, região na qual atualmente se encontra a Tunísia, que estava separada de Roma pela ilha de

Sicília. Essa ilha se encontrava na época sob o domínio cartaginês. As atividades comerciais fenícias no Mediterrâneo eram muito prósperas, o que provocou uma rivalidade entre Roma e Cartago que teve como conseqüência a Primeira Guerra Púnica (218 a 201 a.C.) da qual saiu vitoriosa esta última.

Cartago cedeu Sicília a Roma, que se tornou a primeira província romana. Mais tarde se anexaram ao Império Romano as cidades de Sardenha e Córsega.

Na Segunda Guerra Púnica (218 a 201 a.C.) se destaca Aníbal, famoso caudilho cartaginês que ao fim foi derrotado pelo cônsul romano Cipião, o Africano. Aníbal se viu obrigado a ceder a Roma seus territórios em Hispânia (atualmente Espanha e Portugal). De 192 a 190 a.C., a Síria foi também integrada ao Império Romano, tornando-se a província romana da Saia Menor.

Posteriormente Roma manteve uma batalha com a Macedônia (de 148 a 146 a.C.) e, obtendo a vitória, apoderou-se desta e de Corinto, que se tornaram a província grega de Acaya.

No ano 149 a.C., inicia-se a terceira e última Guerra Púnica que terminou no ano de 146 a.C. com a vitória de Roma sobre Cartago, e por esse motivo anexou-se ao Império Romano recebendo o nome de África, sendo Útica sua capital. No ano 120 a.C., Roma intervém em um conflito que acontecia em uma região do sul da França atacada por ligúrios e galos; como conseqüência houve a adesão dessa região ao Império Romano, tornando-se a província romana conhecida como Galia Narboneza.

Mais tarde surgiu o Cristianismo, que, após ser propagado na Ásia Menor, chegou a Roma por intermédio de São Pedro que depois de pregar e mostrar o evangelho foi martirizado por ordem do imperador romano Nero, por volta do ano 65 d.C.

No início, o Cristianismo trouxe sérias conseqüências a seus seguidores que foram perseguidos por muito tempo. No ano 313 d.C., o imperador Constantino outorgou tolerância absoluta aos cristãos, tornando-se assim o grande protetor da Igreja.

O Cristianismo trouxe consigo os novos preceitos de amor ao próximo, fazendo com que os moradores de muitos lugares do mundo oferecessem melhor tratamento aos peregrinos, tornando-os hóspedes especiais ao dar-lhes pousada. Devido a sociedade cristã haver nascido onde convergiam dois mundos, o oriental e o ocidental, isso propiciou sua rápida expansão.

Não obstante os fatos ocorridos, no início do século VII, durante a época feudal, apareceu na Arábia o Islamismo (palavra que significa submissão), com seu fundador Mohamed, considerado o maior de todos os emissários de Alá. Essa nova fé se expandiu com os califados sucessores de Mohamed (cujas localizações eram o Abásida em Bagdá, o de Córdoba em Al-Andalus e o Fatimita no Egito), baseada em um duplo projeto da conquista política, justificada pela propagação da fé muçulmana.

A Idade Média (1000-1450), ou seja, o período entre a Idade Antiga e a Idade Moderna é aquele durante o qual houve considerável expansão tanto do Cristianismo como do Islamismo; em conseqüência, a rivalidade entre essas duas religiões trouxe consigo o inevitável enfretamento conhecido como as Cruzadas ou Guerras Santas, que consistiam em expedições medievais de caráter religioso-militar, empreendidas pelos povos ocidentais da Europa para resgatar, do poder dos turcos, Jerusalém, Belém e Nazaré.

Depois que as Cruzadas recuperaram os lugares santos, fundou-se, no ano 1137 d.C., a ordem de São João de Jerusalém, na mesma cidade. A ordem em questão estava integrada por um grupo de cavalheiros hospitaleiros com o objetivo de oferecer proteção aos peregrinos e defender os lugares santos. Esse fato propiciou a fundação de hospitais (cuja raiz latina é *hospes*, que significa hóspede), que se multiplicaram posteriormente entre os povos ocidentais da Europa.

Cabe esclarecer que o conceito de hospitais na Idade Média era diferente da época atual, pois serviam de albergues a velhos e enfermos. Os gastos dos hospitais eram cobertos pelos reis e pelas pessoas mais ricas.

Inicialmente, os mosteiros e algumas ordens religiosas serviam de hospitais sem retribuição alguma, mas posteriormente essas instituições se tornaram pousadas com fins lucrativos. Muitos desses hospitais fundados na Idade Média desapareceram, mas alguns ainda se conservam, como se pode observar nas ilustrações apresentadas a seguir.

O turismo religioso teve seu auge a partir dessa época, ao instituirem-se os Jubileus de Roma, que atraíram muitos pere-

Fig. 1 – À esquerda, interior do antigo hospital St. Mari's em Chichester, Inglaterra, construído em 1290.

Fig. 2 – Acima, fachada do hospital St. Cross, Winchester, Inglaterra, fundado em 1136.

grinos provenientes do mundo cristão daquela época, para visitar o sepulcro de São Pedro; essas peregrinações deram origem aos vocábulos *romaria*, que significa viagem de peregrinação, e *romeiro*, o peregrino que vai em romaria.

O fim da Idade Média trouxe consigo o ressurgimento da cultura ocidental e com esta o aparecimento dos primeiros estabelecimentos de hospedagem, que se transformaram em pousadas e tabernas.

As pousadas eram públicas com fins lucrativos, localizadas em povoados onde se ofereciam alimentos, bebidas e albergue a viajantes, cavaleiros e carruagens. As tabernas tinham o mesmo objetivo das pousadas, mas geralmente estavam localizadas nas estradas ou fora dos povoados, a uma distância que poderia ser percorrida a cavalo durante o dia. As pousadas e tabernas parecem primitivas se comparadas aos hotéis modernos, uma vez que o viajante tinha de dividir a cama com pelo menos uma pessoa, e em algumas ocasiões até com mais.

Contudo, tanto no Oriente Médio como no Ocidente os termos viagem e alojamento estavam vinculados, uma vez que existiam as caravaneiras ou instalações localizadas nas rotas comerciais da Ásia, onde as caravanas podiam descansar, refrescar-se e encontrar alimentos, bebidas e alojamento, tanto para os homens como para seus animais, antes de seguir a viagem que durava meses, às vezes anos, mais que dias e semanas.

Como foi dito anteriormente, o contato entre os mundos ocidental e oriental durante as Cruzadas enriqueceu as duas culturas; além disso, no Oriente Médio, anos mais tarde, surgiram estabelecimentos de hospedagem.

O turismo religioso no Oriente Médio teve também seu auge, que se prolonga até nossos dias, pelo fato de que um dos preceitos do Alcorão diz que todo muçulmano deverá ir em peregrinação a Meca (cidade sagrada para os muçulmanos) pelo menos uma vez na vida.

Breve explicação sobre a hotelaria no México

A indústria hoteleira no México teve marcada influência européia, pois os conquistadores espanhóis trouxeram sua cultura e, em conseqüência, uma série de situações que propiciaram o início do desenvolvimento desse importante setor na atualidade.

Durante a colonização, quando na Nova Espanha viajavam nobres, altos dignitários civis ou eclesiásticos, estes costumavam hospedar-se em casas de familiares ou amigos, ou ainda em muitos conventos, onde podiam desfrutar das relativas comodidades próprias da época. O mesmo não acontecia com mercadores, homens que viajavam em mulas ou carroceiros que se alojavam com seus animais nas pousadas. Entretanto, nas viagens, tanto nobres como plebeus tinham forçosamente de alojar-se em tabernas, pois seu atendimento de maneira geral era superior ao das pousadas, embora não houvesse quartos suficientes, motivo pelo qual dormiam de 3 a 10 pessoas em cada quarto.

As clássicas pousadas e tabernas da Nova Espanha apresentavam, em um lugar visível do exterior, uma imagem do santo padroeiro, com sua lamparina de azeite continuamente acesa, e esses estabelecimentos recebiam o nome do santo padroeiro ou protetor.

Por sua vez, os alojamentos, na Europa, eram identificados por um tronco verde ou um ramo de árvore colocado em lugar visível no lado de fora. Esses estabelecimentos levavam nomes como "O Sino", "O Paraíso", "O Sol" etc. Não se sabe exatamente a data em que surgiu a primeira pousada da Nova Espanha, mas Luis González Obregón afirma que consta da ata da prefeitura da capital de Nova Espanha a data de 1º de dezembro de 1525, quando se apresentou o vizinho Pedro Hernández Paniagua com um pedido de permissão para estabelecer a primeira pousada, onde poderia acolher aos que chegassem para vender pão, vinho, carne etc. Permissão concedida, surgiu a primeira pousada, situada na rua que atualmente se chama "Calle de los Mesones" (Rua das Pousadas), na Cidade do México.

Há notícias da existência anterior de outras pousadas no país, como a de São João da Vila Rica da Veracruz, e a do colonizador Francisco Aguilar, o qual obteve permissão para abrir sua pousada na estrada que vai de Medellín a Veracruz, em outubro de 1525.

Em 1526, Juan de Paredes, em nome de Rodrigo de Rangel, abriu uma pousada em Cholula. Também Juan de la Torre obteve permissão para abrir uma taberna em Tajimaroa (atualmente Ciudad Hidalgo, Mich.) e uma pousada em Cuernavaca.

Outra entre as pousadas mais relevantes foi a de São José de Perote, cujo proprietário era Pedro Anzures, que por ser muito alto era chamado Perote. Esse estabelecimento iniciou suas atividades em 1527, na estrada que vai de Villa Rica ao México. Essa pousada dispunha de amplos quartos para os viajantes e espaço suficiente para seus animais. As pousadas e as tabernas da Nova Espanha estavam sujeitas a impostos que visavam proteger os viajantes. Assim que se concederam as primeiras permissões para a criação das tabernas e pousadas, Nova Espanha se cobriu rapidamente delas. Durante o vice-reinado não houve precisamente turismo, as peregrinações religiosas e os viajantes deixaram interessantes relatos e estudos. Durante aproximadamente 350 anos, as pousadas e as tabernas eram os únicos estabelecimentos de alojamento de que dispunham os viajantes no México; não obstante, posteriormente começaram a surgir hotéis, como o Hotel de Gante que se estabeleceu no ano de 1921 na Cidade do México. Nessa mesma época surgiram diversos hotéis, como o Gran Hotel Ancira em Monterrey, N.L., o Fenix e o Imperial em Guadalajara, Jal. etc.

Contudo, a indústria hoteleira moderna, propriamente dita, iniciou-se no México em 1936 com a inauguração do hotel Reforma, que oferecia 380 quartos. Esse estabelecimento causou sensação por ter sido o primeiro a oferecer privacidade total, isto é, quartos simples e duplos, com banheiro privativo e sabonete. Introduziu em seu sistema o empregado uniformizado, ou seja, mensageiros, camareiras e porteiros.

Esse sistema veio revolucionar os hotéis anteriormente estabelecidos, propiciando o aparecimento de mais e melhores hotéis no México – chegando a 800 quartos –, o que significou um desafio de caráter administrativo e de serviços para todos os que de maneira direta ou indireta dependem dessa indústria para subsistir.

EXERCÍCIOS

A. Responda as seguintes perguntas:

1. Que referência temos para voltarmos às origens da atual indústria hoteleira?
____
____
2. Onde Roma estendeu seu Império? _______________
3. Quem habitava Roma no século VI a.C.? _______________
____
____
4. Quais os motivos por que viajavam os povos antigos? _______________
____
____
5. Por que motivo nos referimos ao povo romano? _______________
____
____
6. O vocábulo alojamento está vinculado a que termo? _______________
____
____
7. Em que século foi construída a Via Apia? _______________
____
____
8. Quem foi o imperador romano que mandou construir a Via Apia? _______________
____
____

9. Onde costumavam hospedar-se os antigos romanos que por algum motivo se deslocavam de sua terra para outro lugar temporariamente? ______________

____

____

10. O que despertou a rivalidade entre Roma e Cartago? ______________

____

____

B. Desenhe cinco mapas correspondentes às áreas geográficas que são citadas e localize em cada um deles o que se pede em seguida:

1. Pinte de vermelho a área geográfica ocupada pelos latinos e etruscos no século VI a.C.
2. Pinte de verde a área geográfica ocupada pelos romanos no século IV a.C.
3. Pinte de azul as áreas geográficas ocupadas pelo Império Romano depois da Segunda Guerra Púnica.
4. Pinte de marrom as áreas geográficas ocupadas pelo Império Romano depois da Segunda Guerra Púnica.
5. Pinte de amarelo as áreas geográficas ocupadas pelo Império Romano depois da Terceira Guerra Púnica.

C. Coloque no parênteses da primeira coluna a letra correspondente à palavra que completa a frase adequadamente:

( )	1. Durante o século III a.C., Cartago era uma colônia...	a) Apio Claudio
( )	2. A Primeira Guerra Púnica realizou-se...	b) De 264 a 241 a.C.
( )	3. No século III a.C., a Ilha de Sicília estava sob o domínio...	c) Fenícia
( )	4. A primeira província romana foi...	d) Acaya
( )	5. A Segunda Guerra Púnica realizou-se...	e) Sicília
( )	6. O famoso caudilho cartaginês Aníbal foi derrotado por...	f) Síria

( ) 7.	O território ocupado por Espanha e Portugal antigamente era conhecido por...	g) África
( ) 8.	Macedônia e Corinto converteram-se na província grega de...	h) De 146 a 149 a.C.
( ) 9.	A Terceira Guerra Púnica ocorreu...	i) Hispânia
( ) 10.	Terminada a Terceira Guerra Púnica, Cartago anexou-se ao Império Romano, recebendo o nome de...	j) Scipião, o Africano k) De 218 a 201 a.C. l) Cartaginês

D. Assinale a opção correta:

1. O Cristianismo como antecedente histórico para a indústria hoteleira trouxe como conseqüência que...
   ( ) a) seus fiéis foram perseguidos e martirizados.
   ( ) b) os moradores de todo o mundo fossem evangelizados.
   ( ) c) se tratasse bem ao peregrino e lhe desse pousada.

2. O Islamismo surge na Arábia e expande-se rapidamente com base...
   ( ) a) na política, justificada pela propagação da fé muçulmana.
   ( ) b) em Mohamed como o maior de todos os emissários de Alá.
   ( ) c) em alguns dos preceitos do Islamismo, cujo significado é a submissão.

3. Durante a Idade Média...
   ( ) a) surge o Cristianismo em Roma com São Pedro, que pregou o evangelho e foi martirizado.
   ( ) b) os lugares santos estavam em poder dos muçulmanos abásidas, que expandiram essa nova fé.
   ( ) c) se iniciam as Cruzadas para resgatar os lugares santos ocupados pelos turcos.

4. A Ordem de São João de Jerusalém...
   ( ) a) protegia os peregrinos em povoados ocidentais da Europa.
   ( ) b) propiciou a criação dos primeiros hospitais da Europa Ocidental.
   ( ) c) foi fundada na Europa Ocidental para proteger os peregrinos.

5. Os hospitais da Idade Média...
( ) a) alojavam enfermos e anciãos.
( ) b) hospedavam a nobreza e o clero.
( ) c) serviam de albergue aos reis.

6. Com o fim da Idade Média surgiram...
( ) a) os primeiros estabelecimentos para alojamento.
( ) b) os primeiros hospitais de importância.
( ) c) as primeiras pousadas e tabernas na Europa.

7. As pousadas eram casas públicas com fins lucrativos...
( ) a) localizadas fora das cidades.
( ) b) localizadas nas rotas comerciais.
( ) c) situadas dentro das cidades.

8. As tabernas por sua vez...
( ) a) eram espaçosas e cômodas.
( ) b) se localizavam nas estradas.
( ) c) estavam dentro das cidades.

9. As caravaneiras eram instalações situadas...
( ) a) nas cidades comerciais da Ásia, onde as caravanas poderiam encontrar alimentos, bebidas e alojamento.
( ) b) em lugares de entretenimento, onde os comerciantes da Ásia poderiam encontrar alimentos, bebidas e alojamento.
( ) c) nas rotas comerciais da Ásia, onde as caravanas poderiam encontrar alimentos, bebidas e alojamento.

10. O turismo religioso no Oriente Médio está integrado por...
( ) a) indivíduos de todas as raças e credos.
( ) b) muçulmanos que vão em peregrinação a Meca.
( ) c) árabes muçulmanos da Arábia Saudita exclusivamente.

Unidade II

Indústria Hoteleira

Constituição. A indústria hoteleira nasce propriamente no século XIX, e considera-se o Hotel Tremont House, construído em Boston, Mass, em 1819, como "Adão e Eva" da indústria hoteleira moderna.

Paralelamente ao avanço dos meios de comunicação e de transporte, como as ferrovias e os barcos a vapor, que facilitaram o transporte em massa de passageiros, surgiu a necessidade de dispor de um número maior de alojamentos, razão pela qual se incrementou a construção de vários hotéis próximos às estações ferroviárias. Como exemplo, existe até nossos dias toda uma zona de hotéis junto ao terminal central de Nova York.

Também foram construídos hotéis semelhantes nas regiões costeiras, que se tornaram importantes centros de entretenimento. Na Inglaterra se organizou com sucesso o primeiro sistema de transporte em massa de passageiros em viagem de recreação, em direção às praias, como Blackpool, Bringhton e Margate; cabe citar Thomas Cook, a quem se atribui a paternidade do turismo organizado.

Thomas Cook nasceu em Melbourne, Inglaterra, no ano de 1818. Inicialmente era torneiro de profissão, tinha um temperamento muito entusiasta e, no dia 5 de julho de 1841, fretou um trem com tarifas reduzidas para transportar de Leicester a Longborough, Inglaterra, 540 pessoas que foram assistir a uma reunião. Embora não tenha lucrado nada nessa ocasião, pôde prever o grande potencial que existia em preparar viagens para os outros.

Quatro anos depois, em 1845, dedicou-se plenamente à organização de excursões, sendo considerado este ano como o do nascimento das agências de viagens. Em 1851, cerca de 165 mil pessoas utilizaram-se dos planos de alojamento e transporte de Cook, para assistir à I Exposição Mundial no palácio de Cristal em Londres.

John Mason Cook, seu filho, ajudou-o a realizar sua primeira viagem para os Estados Unidos, com muito êxito.

A inventiva de Cook proliferou consideravelmente, pois em 1867 criou um cupom com a finalidade de agrupar várias prestações de serviços, tais como hospedagem. Em 1872, realizou com êxito uma viagem ao redor do mundo com nove pessoas, figurando entre elas o Kaiser da Alemanha e a Rainha Victoria. Essa viagem, que teve a duração de 222 dias, foi publicada por um importante jornal inglês e inspirou a célebre obra de Júlio Verne, *A volta ao mundo em 80 dias.*

Thomas Cook faleceu em 1892, depois de haver organizado e aperfeiçoado o sistema de viagens, deixando para a posteridade não somente sua agência Thomas Cook & Son como também toda uma profissão apoiada em um conjunto de técnicas. Sem dúvida, Thomas Cook não foi o criador da indústria hoteleira, pois são muitos os fatos que historicamente se encadearam durante séculos para seu desenvolvimento, mas a contribuição de suas experiências e técnicas colaboraram consideravelmente para que isso ocorresse.

Na atualidade, a indústria turística é de grande importância no mundo, devido a seu rápido crescimento, fator que colocou a hotelaria em lugar de destaque. Obviamente o fator de maior relevância que propiciou o acelerado crescimento desse ramo turístico não é outra coisa senão a "Era do Jato", uma vez que a introdução dos jatos em 1950 fez aumentar a capacidade de passageiros até alcançar suas dimensões atuais e, conseqüentemente, relacionando-se estreitamente com as linhas aéreas e os hotéis.

Esse fato permite advertir-nos de que o que se considerava indústrias separadas são atualmente partes integrantes da indústria turística. Essa relação é tão estreita que as próprias linhas aéreas fazem reservas nos hotéis para os passageiros, enquanto os hotéis, por sua vez, dispõem de toda informação relacionada com as linhas aéreas. Quando os futuros hóspedes desembarcam do avião, são recebidos por representantes do hotel, que lhes dão as cordiais boas-vindas e, se os hotéis se encontram distantes do aeroporto, em alguns casos, esses representantes os conduzem até lá.

Sem dúvida os jatos contribuíram para o rápido crescimento da indústria hoteleira, particularmente os chamados jumbos a jato, cuja capacidade é de mais de 400 passageiros, fator que obviamente surtiu efeitos no funcionamento dos hotéis. Também os aviões supersônicos encurtaram as distâncias entre os pontos do planeta antes distantes.

O incremento do transporte em massa na década de 1950 trouxe como conseqüência a construção de centros de férias com seus respectivos hotéis. Esses centros oferecem ao turista belos panoramas, a combinação de sol e mar, instalações atraentes totalmente criadas pela mão do homem, como Disneylandia na Califórnia e, posteriormente, Disneyworld em Orlando, Flórida.

Fig. 3 – Os centros de férias e seus hotéis oferecem ao turista atrativas instalações criadas pela mão do homem.

Um fator que influiu decisivamente no desenvolvimento da indústria hoteleira foi o hábito intenso de viajar dos norte-americanos, o qual exerceu grande influência, inclusive na atualidade, tanto nos Estados Unidos como em outros países.

Antigamente nenhum posto de trabalho em hotel era considerado profissão nem necessitava de preparo algum que não a experiência, por isso era preciso começar nos postos inferiores para adquiri-la. Apenas um grupo seleto de empregados conseguia ascender, e a maioria não chegava a ver seus desejos coroados de êxito.

Na atualidade, o turismo constituiu-se como importante indústria de âmbito internacional, que trouxe como conseqüência o surgimento de grandes universidades e numerosas instituições que oferecem cursos de administração hoteleira. Inicialmente houve famosas escolas de turismo na Suíça, mas recentemente esse tipo de curso é também muito popular em outros países, como Estados Unidos e México, tendo obtido muitos adeptos que vêm contribuindo positivamente para a evolução dessa indústria.

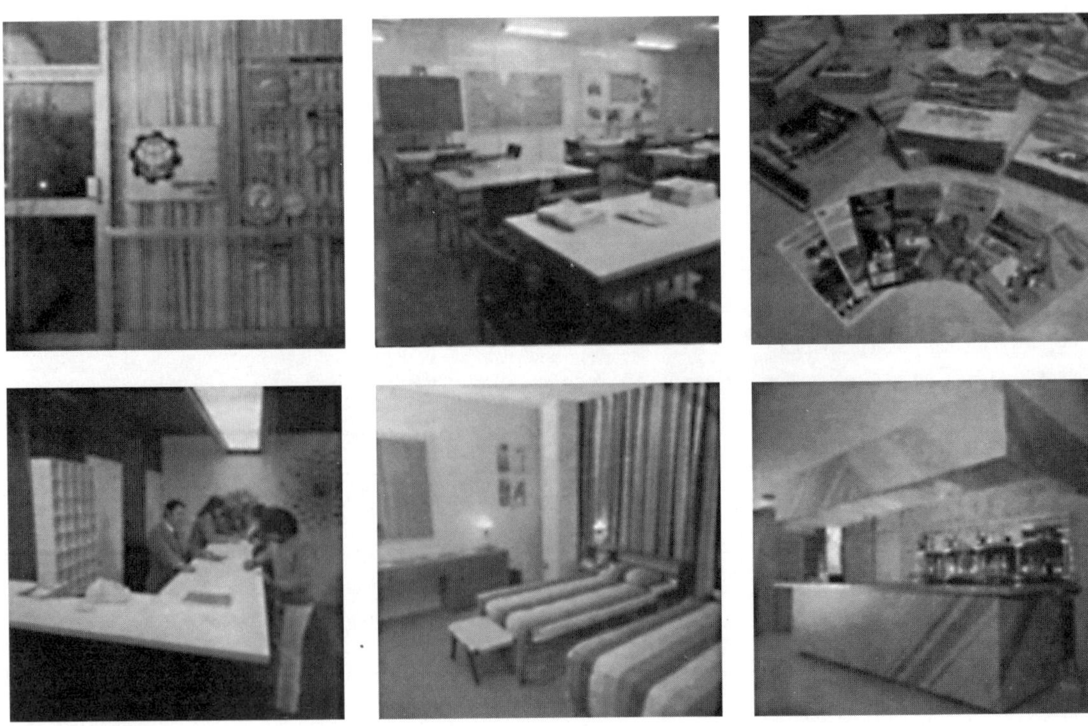

Fig. 4 – As escolas de turismo do México se proliferaram consideravelmente.

A política recente tem sido selecionar os indivíduos que se sobressaem nessas instituições para ocupar diversos postos nos hotéis. Como principiantes, trabalham em vários setores com o objetivo de adquirir prática e experiência em cada um deles. Uma vez adquirida a experiência, vão subindo a postos de maior responsabilidade até atingir os postos de direção.

No caso de cadeias hoteleiras não só são alternados de um departamento a outro, como também de um hotel a outro.

Muitos dos funcionários de hotéis recebem adicionais em seus salários, provenientes de gorjetas, como é o caso dos mensageiros, porteiros, garçons, barmans, camareiras etc. Devido ao fato de as gorjetas já serem costume em todos os restaurantes, os garçons optaram por trabalhar em equipe, ou seja, reúnem tudo o que recebem e ao final do turno repartem eqüitativamente. Por outro lado, nem todos os hotéis permanecem abertos durante o ano todo, uma vez que operam unicamente na temporada de turismo, como é o caso dos centros de *ski*, que operam exclusivamente no inverno, bem como as áreas de montanha ou praia cuja temporada se restringe praticamente ao verão.

EXERCÍCIOS

A. Com base nas informações deste capítulo, responda ao seguinte questionário:

1. Em que século nasceu a indústria hoteleira? ______________________
____
____

2. Que motivou a construção de hotéis no século XIX? ________________
____
____

3. Onde se localizavam as zonas de hotéis no século XIX? _____________
____
____

4. Por que se atribui a Thomas Cook a paternidade do turismo organizado?
____
____

5. Em que ano surgiu a primeira agência de viagens? ____________________

____

____

6. Com que objetivo Cook criou o cupom de serviços em 1867? __________

____

____

7. Qual foi a contribuição de Cook para o desenvolvimento da indústria hoteleira? ____

____

____

8. Em que década introduziu-se o jato à aviação comercial? ____________

____

____

9. Por que o jato propiciou o crescimento da indústria hoteleira? _________

____

____

10. Qual é aproximadamente a capacidade de passageiros de um jumbo a jato? ____

____

B. Com base na informação deste capítulo, complete as seguintes orações com as palavras adequadas:

1. Os centros de férias oferecem ao turista a combinação de sol e ________ ____________________.
2. O hábito intenso de viajar dos ____________________ influiu no desenvolvimento da indústria hoteleira.
3. Antigamente nenhum posto em um hotel era considerado uma _______ ________________________.
4. Atualmente o turismo constitui uma importante indústria em âmbito __ ______________________________.
5. Na atualidade, numerosas universidades e escolas oferecem cursos de administração ____________________.
6. Inicialmente, eram famosas as escolas da ____________________________.
7. As escolas de turismo nos Estados Unidos e no México ganharam muitos ________________________.
8. Os alunos vindos das escolas de turismo são selecionados para ocupar diversos postos nos ______________________.

9. Muitos dos empregados em hotéis recebem adicionais em seus salários por conta da ________________________.
10. Alguns hotéis permanecem abertos unicamente na temporada de ______ ______________________________.

C. Assinale a opção que considerar correta:

1. A viagem organizada por Thomas Cook em 1872 ao redor do mundo...
   ( ) foi coroada de êxito depois de um ano aproximadamente.
   ( ) levou 540 pessoas de Leicester a Longborough com tarifas reduzidas.
   ( ) inspirou Júlio Verne em sua obra *A volta ao mundo em 80 dias.*

2. Thomas Cook...
   ( ) contribuiu com suas técnicas e experiências para o desenvolvimento da indústria hoteleira.
   ( ) foi o criador da indústria hoteleira organizada.
   ( ) não teve nenhuma relação com o desenvolvimento da indústria hoteleira.

3. A era do jato...
   ( ) iniciou-se no começo do século XX aproximadamente.
   ( ) propiciou o rápido crescimento da indústria hoteleira.
   ( ) não teve repercussão alguma na indústria hoteleira.

4. A aviação comercial...
   ( ) está estritamente relacionada com a indústria hoteleira.
   ( ) é uma indústria separada da indústria hoteleira.
   ( ) nasceu em 1950 com a introdução dos jatos.

5. O Hotel Tremont House...
   ( ) foi construído em Boston, Mass, no século XX.
   ( ) é considerado o "Adão e Eva" da indústria hoteleira.
   ( ) teve muito êxito para a introdução dos jatos em 1950.

6. Disneylandia...
   ( ) é um importante centro de férias dos Estados Unidos.
   ( ) é um importante hotel construído na Califórnia.
   ( ) é um importante centro de férias em Orlando, Flórida.

7. O hábito intenso de viajar dos norte-americanos...
   ( ) permitiu-lhes conhecer o mundo todo.
   ( ) repercutiu no desenvolvimento da indústria hoteleira.
   ( ) prejudicou a economia do país.

8. As escolas de turismo eram inicialmente famosas...
   ( ) no México.
   ( ) nos Estados Unidos.
   ( ) na Suíça.

9. A política recente dos hoteleiros tem sido...
   ( ) recusar os alunos vindos das escolas de turismo.
   ( ) permanecer abertos para o turismo durante o ano.
   ( ) empregar os alunos vindos das escolas de turismo.

10. Com base nas informações desta unidade, muitos funcionários de hotéis recebem adicionais em seu salário por conta de...
   ( ) gorjetas.
   ( ) horas extras.
   ( ) abono.

D. Com as informações que seguem e alguns dados fictícios que o professor lhe indique, complete o relatório de gorjetas a seguir:

1. Estabelecimento: Restaurante Zafiro.
2. Departamento: Alimentos e Bebidas.
3. Data: 15 de junho de 1982.
4. Caixa: Sr. Francisco Romo.

el presidente
ZONA ROSA, MEXICO D.F. Hamburgo 135 Mexico 6 D.F.

____
ESTABELECIMENTO

FOLHA DE GORJETAS

Departamento Data Caixa

Nº cheque	Nº da conta ou cartão de crédito	Valor da gorjeta	Nº Garçom	Nome e assinatura do garçom
Total				

Assinatura do Caixa

____

Unidade III

Estabelecimentos para Alojamento

Ao nos referirmos à moderna indústria hoteleira, devemos insistir em que o termo "indústria hoteleira" não é precisamente o mais adequado, uma vez que no decorrer dessa unidade encontraremos vários tipos de alojamentos, razão pela qual seria mais adequado chamá-la de "indústria do alojamento".

O turista moderno dispõe de ampla variedade de tipos de alojamentos, os quais variam de uma hospedaria ou um modesto hotel, até um hotel de luxo com muitos quartos e modernas instalações.

Em seguida colocamos em termos gerais a definição de hotel:

Hotel: é uma instituição de caráter público que oferece ao viajante alojamento, alimentação e bebida, bem como entretenimento, e que opera com a finalidade de obter lucro.

Tipos de alojamento: existem quatro tipos de alojamento cuja diferença se baseia na alimentação que se inclui com o pernoite, isto é:

a) tipo europeu – não inclui nenhuma alimentação;

b) tipo continental – inclui somente o café da manhã simples que consta de café, pão, manteiga e geléia;

c) tipo americano modificado – inclui meia-pensão, que consiste em café da manhã, almoço ou jantar, à escolha do hóspede;

d) tipo americano – inclui pensão completa, ou seja, as três alimentações.

Categorias de hotéis: existem várias maneiras de se classificar os hotéis; para tanto utilizam-se os seguintes critérios:

a) dimensões;
b) tipo de clientela;
c) qualidade dos serviços;
d) localização ou relação com outros serviços;
e) atuação;
f) organização;
g) proximidade a terminais de empresas de transportes.

Conforme suas dimensões, os hotéis classificam-se em:

- pequenos;
- médios; e
- grandes.

Com base no tipo de clientela, os hotéis são classificados em:

a) *comerciais* – para viajantes em trânsito, geralmente viagem de negócios.
b) *para férias* – localizados em áreas de recreação.
c) *para convenções* – os que recebem grandes grupos de comerciantes ou profissionais que assistem a convenções anuais. Esses hotéis localizam-se em centros urbanos ou em centros de férias.
d) *para moradores* – ou seja, pessoas que não desejam ficar em casa, preferindo permanecer em um hotel temporária ou permanentemente.

Conforme a qualidade de serviços que os hotéis oferecem ao público, a classificação se faz mediante três critérios diferentes:

a) *Sistema de palavras descritivas.* Considerando-se o hotel de luxo como o de ótima categoria, seguindo em ordem decrescente, primeira superior, de primeira, turista superior e turista.

b) *Sistema de letras.* A categoria ótima é a AA, seguindo-se em ordem decrescente A, B, C e D.

c) *Sistema de estrelas.* A categoria ótima é a de cinco estrelas, decrescendo até uma estrela.

Naturalmente se poderiam acrescentar letras e palavras adicionais para descrever outras categorias de hotéis, mas foram consideradas unicamente aquelas dignas de receber os turistas de forma satisfatória, sendo incluídos hotéis modestos, mas que possuem serviços de qualidade.

A fim de visualizar melhor os sistemas mencionados, incluímos uma tabela com as equivalências aproximadas das categorias de hotéis.

Número	*Sistema de palavras descritivas*	*Sistema de letras*	*Sistema de estrelas*
1	De luxo	AA	★★★★★
2	Primeira superior	A	★★★★
3	De primeira	B	★★★
4	Turista superior	C	★★
5	Turista	D	★

1. Esses hotéis têm quartos com telefone, banheiro privativo com água quente dia e noite, ar-condicionado, estacionamento, cabeleireiro, restaurantes, bares, centros noturnos, lavanderias, piscinas, quadras de *squash*, boliche e quadras de tênis. Localiza-se, em geral, nas ruas mais importantes e centrais da cidade, ou afastadas da cidade, mas com bom acesso.

2. Essa categoria conta com os mesmos serviços dos hotéis AA, menos quadras de jogos. Não se localizam necessariamente nas ruas mais importantes da cidade.

3. Essa categoria é semelhante à anterior, entretanto não tem cabeleireiro, bar, centros noturnos, piscina, lavanderia etc. e em certas ocasiões não possui quartos amplos com telefone.

4. Essa categoria proporciona serviços de hospedagem exclusivamente em quartos amplos, com banheiro privativo.

5. São hotéis modestos, onde alguns quartos têm banheiro e outros têm, em geral, um banheiro para cada andar.

Fig. 5 – O hotel metropolitano se localiza nas zonas urbanas.

Com referência à localização ou relação com outros serviços, os hotéis classificam-se em:

a) Hotel metropolitano. Edifício situado nas cidades, em zonas urbanas e próximo a lugares de lazer como: teatros, cinemas, museus, lugares históricos etc.

b) Hotel-cassino. Alguns hotéis apresentam características especiais, como é o caso do hotel-cassino, em que a procura por categoria de alojamento é praticamente secundária, pois, embora ofereça ao público alojamento e serviços de alimentação e bebidas, a procura é pelos jogos de azar, como é o caso dos cassinos de Las Vegas, nos EUA, ou o de Montecarlo, no Principado de Mônaco.

Existem hotéis-cassino em Porto Rico e outros lugares onde os jogos de azar são uma atração secundária, em vez de ser o atrativo principal.

c) Hotéis de centros de férias. Essa outra modalidade da indústria de alojamentos situa-se fora das áreas metropolitanas, e inclui todo um complexo de instalações

Fig. 6 – Os hotéis-cassinos de Las Vegas, Nevada, EUA, são famosos por suas espetaculares variedades e jogos de azar.

recreativas, as quais constituem o atrativo desses centros de férias e, claro, a razão da existência do hotel.

Essas instalações podem incluir balneários, aproveitando-se a paisagem do local e os recursos naturais, como é o caso de José Purúa, ou balneário de Oaxtepec, no México. Existe também outro tipo de centro de férias totalmente artificial, ou seja, construído pela mão do homem, como a Disneylandia, na Califórnia, e a Disneyworld, na Flórida, EUA.

Conforme a operação, os hotéis classificam-se em:

a) Permanentes. Os que permanecem abertos todo o ano.
b) De estação. Os que operam exclusivamente durante determinadas épocas do ano.

Conforme sua organização, os hotéis classificam-se em:

a) Funcionamento independente.
b) Funcionamento em rede.

As redes de hotéis consistem em várias unidades que pertencem ou estão afiliadas a uma só companhia que opera e dirige um grande número de estabelecimentos, fato que permite muitas vantagens sobre os estabelecimentos operados independentemente.

Em seguida, enumeramos alguns dos objetivos e vantagens que oferecem as redes de hotéis:

a) maiores recursos para fazer propaganda aos hotéis;
b) padronização da equipe e procedimentos de operação;
c) ótimas condições para reduzir os custos de alojamentos em massa às grandes agências de viagens;
d) controle das reservas entre os hotéis filiados;
e) barateamento do preço dos artigos comprados por grandes agências;
f) pessoal treinado disponível para novos hotéis filiados em outra localidade;
g) nenhum investimento em imóveis, no caso de hotéis filiados, ou pouco investimento em determinados casos.

Conforme a proximidade a terminais de companhias de transportes e vias de comunicação, os hotéis podem localizar-se próximos a:

a) terminais terrestres, isto é, estações de trens ou ônibus;
b) rodovias, ou seja, hotéis localizados à beira das estradas;
c) terminais aéreos, aeroportos;
d) terminais marítimos, fluviais, lacustres, ou seja, no cais quando se tratar de terminais marítimos e em plataformas quando se trata de terminais fluviais ou lacustres.

Existe atualmente um cem-número de redes hoteleiras, como as cadeias Sheraton, Fiesta Americana, Mision Park Plaza etc. Além dos clássicos hotéis, existem outros tipos de alojamentos, que descrevemos a seguir:

Motel: os serviços que estes hotéis proporcionam fazem alusão a seu nome. Essa palavra deriva-se de motor e hotel, uma vez que esses estabelecimentos oferecem acolhida tanto para as pessoas como para os automóveis. São estruturas horizontais que permitem ao hóspede estacionar seus automóveis perto dos quartos. Os motéis encontram-se geralmente situados nas estradas e podem oferecer ou não serviço de restaurante. Esse tipo de alojamento é conhecido na Espanha com *Parador*, onde é muito popular.

Motor-hotel: esse estabelecimento constitui outra modalidade de hotel, ou seja, alojamento com estacionamento integrado, mas essas estruturas estão construídas verticalmente, o que permite maior capacidade em um terreno reduzido. Esse tipo de estabelecimento tem tido muito sucesso, não só fora como dentro das cidades. Por esse motivo constitui um importante avanço na evolução do conceito de alojamento, pelo grande uso do automóvel para viajar.

Condomínios: os condomínios são edifícios ou grupos de edifícios em que os condôminos compram unidades e tornam-se co-proprietários das instalações públicas, da estrutura e da área de lazer. Os condomínios tornaram-se populares porque as pessoas desejavam um segundo lugar para suas férias. Sem dúvida, muitos de seus proprietários adquirem condomínios por esse motivo; mas outros os desfrutam em suas férias, alugando-os durante o resto do ano, podendo assim cobrir as despesas com a compra e os custos de manutenção.

Pensões ou *hospedarias:* são muito populares na Europa. Constam, em geral, de dez quartos aproximadamente. Algumas oferecem pensão completa, ainda que a maioria ofereça somente alojamento com café da manhã continental.

Albergues: são refúgios situados especialmente em zonas montanhosas, nos quais os alpinistas costumam pernoitar.

Apartamentos: são unidades mobiliadas com pequena cozinha acoplada a um dormitório, os quais servem para alojamento. São alugados por semana, quinzena ou por mês.

Bangalôs: unidades semelhantes aos apartamentos que se alugam mobiliados e com pequena cozinha, mas são independentes entre si. Situam-se nas estradas ou em praias.

Chalés: essas unidades são encontradas junto a lagos, praias ou bosques, assemelham-se aos apartamentos, por serem alugados mobiliados e com pequenas cozinhas.

Trailer: é um pequeno lar móvel, também conhecido como carro-dormitório. Essas unidades comportam espaços para dormir, bem como de aquecedor e ventilador. Essa outra modalidade de alojamento foi conseguida graças ao automóvel que a reboca. Muitas pessoas costumam também transportar barracas ou outro equipamento que sirva para instalar uma casa temporária. Existem prestadores de serviços para essas unidades nos acampamentos para *trailers*, pois dispõem de instalações que incluem, além do espaço físico, água, luz elétrica e telefone.

Marinas: são instalações situadas no mar, que oferecem comodidades semelhantes às que conseguem os proprietários de *trailers*, para os proprietários de iates e embarcações em geral que as utilizam como alojamento durante suas travessias marítimas.

Sem dúvida, o exemplo mais espetacular de marinas é o da Costa Esmeralda, construído na ilha italiana da Sardenha por um sindicado liderado há alguns anos por Aga Khan.

Clube Cruzeiro: também conhecido como sistema de tempo compartilhado. Este é um sistema de camarotes em condomínio, no qual os membros do clube podem dispor de seus respectivos camarotes em um barco, durante 20 anos, em épocas preestabelecidas. Os compradores das ações se associam para obter o direito a uso e desfrute do cruzeiro, mantendo as seguintes vantagens:

a) usar seu próprio camarote;
b) alugar sua semana de camarote (eles mesmos);
c) entregá-lo à Corporação Costeira Intercontinental para aluguel;
d) entregá-lo para aluguel a escritórios de intercâmbios da mencionada empresa;
e) acumular até três semanas de camarote, e se após o canal, até seis semanas;
f) ceder os direitos do camarote.

EXERCÍCIOS

A. Responda as seguintes perguntas:

1. Por que seria mais adequado usar "indústria do alojamento" em vez de "indústria hoteleira"? ______________________________
____
____

2. Qual é a definição de hotel em termos gerais? ____________________

____

____

3. Em que se baseiam os diversos tipos de alojamento? ______________

____

____

4. Em que consiste o tipo europeu? ____________________

____

____

5. Em que consiste o tipo continental? ____________________

____

____

6. Em que consiste o tipo americano modificado? ____________________

____

____

7. Em que consiste o tipo americano? ____________________

____

____

8. Quais são os critérios para classificar os hotéis? ____________________

____

____

9. Quantos tipos de alojamentos existem? ____________________

____

____

10. Qual é a diferença entre um turista moderno e aquele homem que seguia em romaria na Idade Média? ____________________

____

____

B. Responda as perguntas observando o diálogo e as informações da unidade correspondente:

O senhor Meyer sairá de férias em companhia da esposa e de seus dois filhos em breve. Encontra-se em uma agência de viagens para fazer a reserva de hotel.

Sr. Meyer: Bom dia. Poderia atender-me, quero fazer uma reserva de hotel.

Funcionário: Com muito prazer. Sente-se. Em que posso servir?

Sr. Meyer: No dia 20 do próximo mês vou a Las Vegas com minha esposa e meus dois filhos. Pretendemos passar três dias. Queria uma suíte com dois quartos conjugados. Que hotel me recomenda?

Funcionário: Recomendo-lhe o Hotel Las Vegas Excelsior.

Sr. Meyer: É um bom hotel?

Funcionário: Penso que sim. Todos os quartos são acarpetados, possuem telefone, televisão, ar-condicionado e água quente dia e noite.

Sr. Meyer: Quais as instalações do hotel?

Funcionário: Bom, tem duas piscinas, quadras de tênis, campo de golfe, vários restaurantes, um café, dois clubes noturnos, um cassino, cabeleireira, salão de beleza, agência de viagens, atendimento médico, farmácia, posto de correios e telégrafos, várias lojas etc.

Sr. Meyer: Ótimo! É toda uma cidade dentro de seus muros. A propósito, onde está localizado o hotel?

Funcionário: Encontra-se próximo ao aeroporto, a três quilômetros da cidade, mas tem boa comunicação; além disso, o hotel tem serviço de transportes ao centro três vezes ao dia.

Sr. Meyer: É possível que eu vá posteriormente a Los Angeles, mas isso ainda não está decidido. Se por acaso eu me decidir, que hotel me recomendaria?

Funcionário: Sugiro o Califórnia Excelsior, pois todos os hotéis dessa rede têm as mesmas características e operam durante o ano todo.

Como você classificaria o Hotel Vegas Excelsior, quanto a:

1. Dimensões: ______________________________
2. Tipo de clientela: ______________________________
3. Qualidade dos serviços: ______________________________
4. Localização ou relação com outros serviços: ______________________________
   ____
5. Atuação: ______________________________
6. Organização: ______________________________
7. Proximidade a terminais de companhias de transporte? ______________________________
   ____
   ____

C. Marque com um X a opção que considera correta:

1. As categorias de hotéis descritas nessa unidade referem-se a hotéis...
   ( ) modestos e econômicos, mas de qualidade.
   ( ) preparados para receber turistas de maneira decente.
   ( ) apropriados tanto para o turismo quanto de terceira categoria.

2. Um hotel simples de primeira é o mesmo que um hotel de...
   ( ) três estrelas.
   ( ) categoria C.
   ( ) quatro estrelas.

3. Um hotel de duas estrelas equivale a um hotel...
   ( ) de primeira.
   ( ) de categoria D.
   ( ) de turista superior.

4. Um hotel de categoria AA equivale a um hotel...
   ( ) de quatro estrelas.
   ( ) de luxo.
   ( ) de primeira superior.

5. Um hotel de primeira superior equivale a um hotel de...
   ( ) quatro estrelas.
   ( ) categoria C.
   ( ) duas estrelas.

6. Aqueles hotéis nos quais alguns de seus quartos têm banheiro e outros não, inclusive em alguns casos um em cada andar, são hotéis...
   ( ) categoria B.
   ( ) turista.
   ( ) de duas estrelas.

7. Os hotéis cujos dormitórios são providos de telefone, banheiro privado, água quente dia e noite, ar-condicionado, estacionamento, cabeleireiro, salão de beleza, restaurantes, bares, centros noturnos, lavanderia, piscina, quadras de *squash*, boliche, quadras de tênis, são hotéis de...
   ( ) quatro estrelas.
   ( ) categoria A.
   ( ) luxo.

8. Um hotel turista superior...
   ( ) oferece serviços de hospedagem somente em quartos amplos, com banheiro privado.
   ( ) tem quartos com e sem banho e em alguns casos oferece um banheiro geral em cada andar.
   ( ) dispõe de quartos acarpetados com telefone, piscinas e quadras de *squash*.

9. Os hotéis que dispõem de quartos acarpetados, com banheiro privativo e restaurantes, mas que não oferecem cabeleireiro, bar, centro noturno, lavanderia e piscina são de categoria...
   ( ) primeira superior.
   ( ) turista superior.
   ( ) de primeira.

10. Os hotéis de luxo costumam estar situados...
   ( ) exclusivamente nas ruas mais importantes, centrais e com boa comunicação da cidade.
   ( ) nas ruas mais importantes e centrais da cidade, ou retirados do centro, mas com bom acesso.
   ( ) em geral em áreas retiradas da cidade, podendo ou não ter bom acesso.

D. Pesquise e escreva três nomes de cada um dos seguintes estabelecimentos de hospedagem e sua localização em seu país:

1. Hotel metropolitano a) ____________________
   b) ____________________
   c) ____________________

2. Motel a) ____________________
   b) ____________________
   c) ____________________

3. Condomínio a) ____________________
   b) ____________________
   c) ____________________

4. Albergue a) ____________________
   b) ____________________
   c) ____________________

5. Chalés a) ____________________
   b) ____________________
   c) ____________________

Unidade IV

Departamento de Recepção

Esse setor é extremamente importante, pois é o que une os hóspedes ao hotel. É também o primeiro que entra em contato com os hóspedes que chegam, é o centro de informações durante a permanência destes no hotel e o último ponto de contato na saída. A imagem que o pessoal da recepção projetar ao hóspede será de vital importância para o bom prestígio do hotel.

Quase todo o pessoal que trabalha nesse setor está em constante contato com o público. Recepção é o termo designado ao espaço onde se registram os hóspedes, se retiram as chaves, correspondência ou recados, se obtêm informações, se depositam valores e se pagam as contas. Em um hotel pequeno ou motel, uma ou duas pessoas realizam essas funções, mas um hotel grande dispõe de pessoal suficiente com responsabilidades perfeitamente definidas.

Esse setor em questão localiza-se no *lobby* do hotel. O *lobby* é a área de entrada pública que permite o acesso aos elevadores para os quartos dos hóspedes, aos restaurantes, bares, lojas e outras instalações do hotel. Em um hotel comercial ou de lazer, o *lobby* é em geral um espaço amplo utilizado como sala de espera, como salão de leitura ou para escrever, embora alguns hotéis disponham somente de um pequeno *lobby* com dimensões de um consultório médico.

A área de recepção geralmente está localizada junto à entrada principal do hotel. Em um hotel grande, essa área se divide em diversas seções. Na primeira seção se encontra o balcão onde os hóspedes se registram. A segunda seção é o escaninho onde os hóspedes retiram as chaves, a correspondência e os recados.

Fig. 7 – O departamento de recepção se encontra no *lobby*.

Escaninho é um quadro com suportes numerados para cada quarto do hotel, onde se guardam as chaves correspondentes. A terceira seção é uma mesa de informações à disposição dos hóspedes. Na quarta seção está o caixa da recepção. Os caixas não somente recebem o pagamento das contas dos hóspedes, mas também trocam cheques, dinheiro ou moedas estrangeiras.

Alguns hotéis também dispõem de uma agência de viagens, onde os hóspedes podem comprar suas passagens de avião, planejar as excursões etc. Às vezes esse serviço encontra-se localizado em outra parte do *lobby* para não interferir nas atividades da recepção. Diretamente relacionado com a área de recepção, mas em um escritório interior, se fazem as reservas.

O caixa em geral está conectado com a contabilidade do hotel. O CPCT ou PABX se localiza geralmente perto da recepção. Muitos hotéis dispõem de um ou mais subgerentes com escritórios localizados atrás da recepção ou no *lobby*, com as funções de saudar os hóspedes importantes, resolver problemas de reservas ou atender às reclamações de rotina.

O recepcionista é o funcionário encarregado de dar informações aos hóspedes que chegam e indicar-lhes seus aposentos. Quando o hóspede chega, verifica se sua reserva está em ordem ou se há disponibilidade de quartos caso não tenha reserva confirmada.

Alguns hotéis dispõem de um cartão para cada quarto ou hóspede, a fim de ajudar os recepcionistas na identificação destes;

esses cartões são de cores diferentes para identificação imediata se se trata de um quarto individual, duplo ou de outros serviços que o hotel ofereça. Esses cartões são guardados longe da visão dos clientes, como atrás do mostrador ou em um recinto reservado.

Os alojamentos que os hotéis oferecem ao público tradicionalmente consistem em quartos simples, duplos ou suítes. Os quartos simples são para uma pessoa e os duplos para duas. Para famílias com crianças, geralmente são colocadas camas extras ou berços para os bebês. Essa classificação não descarta o fato de muitos hotéis terem quartos do mesmo tamanho, nos quais podem alojar um ou dois hóspedes. Nesse caso os termos quarto simples e duplo indicam o número real de hóspedes de um quarto. Uma suíte contém dois ou mais quartos que são considerados apenas uma unidade. Alguns hotéis dispõem de algumas suítes, enquanto outros fazem combinações abrindo portas para conectar dois quartos.

Tendo o recepcionista confirmado que a reserva do quarto está em ordem, o hóspede preenche uma ficha de registro com seu nome, endereço e outras informações necessárias.

O recepcionista anota na ficha de registro o número do quarto e o valor da diária que o hóspede terá de pagar. Em alguns países, o recepcionista pede aos hóspedes seus passaportes ou documento de identidade. Esses documentos poderão ser retidos por pouco tempo, para conferência dos dados; esse procedimento obedece às normas policiais.

Fig. 8 – Os recepcionistas anotam o registro das reservas com antecedência.

Quando o quarto já está definido, o recepcionista escreve em três fichas pequenas e em uma folha de contabilidade com cópia, constando nome, endereço do hóspede, valor da diária, número do quarto e data de saída. Essas fichas pequenas com dados pessoais serão colocadas no quadro de chaves, na lista de informações e no CPCT. A folha de contabilidade vai para a caixa da recepção. Outro procedimento posto em prática, recentemente, é o sistema de crédito por cartões como o *Diners, American Express, Visa* etc.

Uma vez vencidos os trâmites iniciais, o recepcionista chama um mensageiro e lhe dá a chave do quarto para que acompanhe o hóspede aos seus aposentos. Infelizmente esses procedimentos de registro nem sempre acontecem sem nenhum contratempo. Pode acontecer, por exemplo, que não tenha quarto disponível para um hóspede com reserva confirmada, ou seja, que o hotel aceitou mais reservas que sua capacidade. Quando isso acontece, o recepcionista ou o gerente tratam de conseguir um lugar para o hóspede em outro hotel. Além dos procedimentos normais de registros, os recepcionistas são responsáveis pelas reservas feitas com antecedência; essas reservas podem vir de agências de viagens ou de companhias aéreas, ou diretamente do público, por telefone ou por carta. As reservas podem ser feitas por telex, telefone ou computador. Essa maneira é muito comum, especialmente quando o hotel faz parte de uma rede ou de um sistema referencial, no qual um grupo de hotéis se une para fazer um intercâmbio de reservas. O mensageiro é o funcionário que acompanha os hóspedes com suas malas ao quarto; ele é também chamado de *bellboy*. O chefe desse serviço é o capitão-porteiro que geralmente se encontra perto do mostrador da recepção. O mensageiro, além de acompanhar os hóspedes a seus quartos, mostra-lhes onde se encontram os interruptores de luz e outros detalhes; também orienta na utilização do ar-condicionado, televisão etc. Também poderá responder a muitas perguntas que normalmente o hóspede faz com respeito a lavanderia, restaurantes, serviços de quarto etc. Na maioria dos hotéis estão definidas as funções de mensageiro e as de porteiro, mas, quando isso não acontece, as malas são levadas pelo porteiro até o quarto.

Nos grandes hotéis comerciais, o funcionário que se encarrega das chaves e informações é chamado *concierge*, que, tal qual o mensageiro, pode responder a todas as perguntas relacionadas com os serviços do hotel. Também informa sobre cinemas, teatros, eventos e passeios. Geralmente se encarrega também de informar sobre o uso de táxis, ônibus para o aeroporto ou trajetos locais. Pode também prestar pequenos serviços aos hóspedes, como enviar cartas ou pacotes.

O quadro de chaves não é somente utilizado para guardá-las, pois guarda também cartas e mensagens aos hóspedes. Muitas das mensagens são recebidas por telefone, e esta é uma das razões para que o PABX permaneça perto da recepção. Os operadores telefônicos trabalham nos bastidores, mesmo quando tratam diretamente com o hóspede. As operadoras telefônicas costumam oferecer informações sobre os serviços do hotel e constantemente prestam ajuda a eles, em particular aos estrangeiros, para chamadas de longa distância. Para ajudar as pessoas de fora que ligam para o hotel, as operadoras têm uma relação de hóspedes e anotam recados quando eles não se encontram no momento da ligação. Sabe-se que as chamadas telefônicas costumam ser de muita importância para os hóspedes, e as operadoras telefônicas procuram transcrevê-las com todo cuidado e fazer chegar aos hóspedes prontamente. Os hotéis mais modernos possuem serviço de secretária eletrônica.

Como os hóspedes fazem suas chamadas telefônicas sem a ajuda das operadoras, estas tiveram reduzidas suas atividades consideravelmente, mas de maneira nenhuma se poderia dispensar seus serviços. Um dos serviços que essas operadoras telefônicas da maioria dos hotéis realizam são as chamadas para despertar os hóspedes. O serviço telefônico constitui uma pequena fonte de lucro para grande parte dos hotéis, uma vez que os hóspedes se encarregam das chamadas externas na maioria dos hotéis, razão pela qual se envia uma relação desses gastos ao departamento de contabilidade, o mais breve possível. Os caixas são os que trabalham com a contabilidade e têm contato direto com os hóspedes, os quais, além de preparar os débitos a serem saldados por estes, fazem câmbio de dinheiro ou cheques bancários (no caso em que os hóspedes tenham um crédito satisfatório); fazem câmbio de moedas estrangeiras; procuram sempre ter as contas de cada quarto atualizadas, a fim de facilitar o processo de pagamento destas pelo hóspede.

O momento do pagamento, igualmente ao momento de registro no hotel, dura somente alguns instantes, quando o sistema funciona eficientemente. Os caixas, em geral, perguntam ao hóspede na saída, no momento de liquidar a fatura, se fizeram algum gasto de última hora, ou se utilizaram de algum serviço, ou efetuaram uma chamada telefônica. Se a resposta for afirmativa, o caixa verificará se o valor está incluído no total antes de entregar a conta. Aproveitará a ocasião para perguntar se entregaram suas chaves. As chaves perdidas representam gastos para o hotel, mas o caso é mais sério se as chaves caem em mãos estranhas.

Muitos hotéis têm um limite determinado para o término do serviço diário; quando o hóspede ultrapassa esse limite, terá de pagar uma diária extra ou pelo menos uma fração do dia. Em geral, a hora em que vence a diária de um hotel é entre meio-dia e três da tarde, a fim de dispor de tempo suficiente para limpar e preparar o quarto para os próximos hóspedes. Muitos hotéis comerciais recebem um número considerável de hóspedes a determinadas horas; isso se deve à concentração dos vôos de chegadas das companhias aéreas nesses horários.

Como já foi dito, os porteiros dos hotéis são considerados pessoal de recepção. Eles permanecem nas entradas dos hotéis e auxiliam os hóspedes ou outros visitantes, abrindo-lhes ou fechando-lhes as portas dos automóveis. Na maioria dos hotéis levam as malas do automóvel até o *lobby*. Podem dar instruções e orientações aos hóspedes para encontrar lugares da cidade que desejam visitar. Os porteiros usam vistosos uniformes, o que dá um ar de elegância ao hotel. A atividade fundamental do pessoal da recepção consiste no registro dos hóspedes e encerramento dos serviços. Também proporcionam aos clientes informações úteis, com o objetivo de tornar agradável e confortável sua estada no hotel. Nos hotéis pequenos onde trabalham uma ou duas pessoas na recepção, estas executam funções semelhantes às de grandes hotéis que possuem maior número de funcionários. Na opinião da maioria dos clientes, os funcionários da recepção são os representantes do hotel; sua habilidade para trabalhar adequadamente é um fator importante para o sucesso deste.

EXERCÍCIOS

A. Responda as seguintes perguntas:

1. Por que é importante o setor da recepção ____________________
____
____
2. Onde se situa a recepção de um hotel? ____________________
____
____
3. Que usos tem o *lobby* de um hotel? ____________________
____
____
4. Em quantas seções se divide a área de recepção? ____________________
____
____
5. O que faz a primeira seção? ____________________
____
____
6. O que está na segunda seção? ____________________
____
____
7. O que faz a terceira seção? ____________________
____
____
8. O que está na quarta seção? ____________________
____
____
____
9. Onde se situa a agência de viagem dentro de um hotel? ____________________
____
____
____
10. Quais são as funções de um recepcionista? ____________________
____
____
____

B. Preencha os formulários a seguir, com base na informação contida na unidade atual e na informação fictícia que lhe dará o professor:

a) Formulário de reservas.
b) Cartão de registro de hóspedes.
c) Formulário do hotel para pagar comissões às agências de viagens, pelos clientes enviados ao hotel.
d) Relatório do mensageiro.

el presidente
ZONA ROSA, MEXICO D.F. Hamburgo 135 Mexico 6 D.F.

R E S E R V A S

SEM CONFIRMAÇÃO ☐ CONFIRMADA ☐

Chegada________ Nome________________ Tipo de quarto________

____

Saída________ Meio de transporte__________ Hora_____ Preço_____

Feita por________________ Telefone ou endereço__________

____

Pagamento efetuado________ Tolerância de 3 horas________ Depósito_____

Observações_______________________________

____

____

Data________________ Anotado por________________

Para a ficha de reserva

Hotéis el presidente

Dia (Day)	Mês (Month)	Ano (Year)
ENTRADA		

Ficha Nº ________

Folha Nº ________

Número de pessoas	Número de quartos

Por favor, escreva com letra legível (Please print)

Para registro do relógio

Nome (Name)

Endereço (Address)

Cidade (City)

Nacionalidade (Nacionality)

Empresa (Corporation)

Profissão (Occupation)

Observações

Seu pagamento, obrigado
(Your payment, thank you)

Não aceitamos cheques

Cartão de Crédito (Credit card) ☐

Em dinheiro (Cash) ☐

Travel cheque (Travel agency coupon) ☐

Expedido por (Issued)

Número (Number)

Nome (Name)

Estou de acordo em desocupar esse quarto (I release this accomodation)

Em (On) ________

Assinatura (Signature)

Dia	Mês	Ano	Hora
F.R.S.			

Quarto (Room)	Diária (Rate)	Extra

HOTEL EL PRESIDENTE

HAMBURGO NUM. 135
TELEFONO 525-00-00
MEXICO 6, D. F.

Em anexo estão os cheques para pagamento das comissões por cliente(s) enviado(s) a este hotel conforme especificado:

(Enclosed please find check covering commission(s) for client(s) sent to this hotel as follows):

Nome **(Name)**	N° da conta **(Account n°)**	De **(From)**	PARA **(To)**	Número de dias **(Number of days)**

Diária	Total	Reais	Equivale em dólares **(Equiv. in dollars)**

Cheque n° **(Check n°)**	Total

Agradecemos aos senhores pela preferência dada a nosso estabelecimento e desejamos continuar merecedores de sua confiança.

(We thank you very kindly for your preference to our hotel and we hope to continue to deserve your trust).

Cordialmente
(Cordially)

Diretor
(Director)

RELATÓRIO DO MENSAGEIRO

Data ____________________________

Turno ______________________

MENSAGEIRO ____

Nº do quarto	Hora	Nome do hóspede	Serviço

______________________________ ______________________________

Assinatura Visto do mensageiro

C. Visite um hotel que será indicado pelo professor e desenhe a planta de um *lobby,* incluindo todas as instalações nele situadas.

D. Escreva três diálogos com as seguintes características, baseando-se na informação que segue. Cada diálogo deverá ter pelo menos dois personagens com um mínimo de cinco intervenções e um máximo de seis cada um:

a) Um mensageiro acompanha o Dr. Serra e senhora, que acabam de chegar ao hotel, para mostrar-lhes seu quarto e fornecer as informações de que necessitem.
b) O Sr. Kuri dirige-se à recepção para efetivar seu registro no hotel, e se surpreende, ao tomar conhecimento de que sua reserva ainda não estava confirmada e que o hotel a havia repassado a outros, não dispondo de quarto livre para ele. O recepcionista deverá encontrar solução para esse problema.
c) A senhorita Anderson, uma hóspede, encontra-se na agência de viagens do hotel, com o objetivo de efetuar a compra de passeios que realizará durante sua estada neste.

Unidade V

CPCT (Central Privada de Comutação Telefônica) – PABX

O CPCT (PABX) é um painel de comando telefônico que contém troncos e extensões, por meio do qual se realizam as chamadas internas ou externas. Os CPCT podem ser manuais ou automáticos. O manual requer a intervenção de um operador que estabelece a comunicação, seja interna ou externa. Nesse tipo de aparelho, ao aparecer uma luz, o operador introduz um pino em uma tomada (plugue), para conectar a chamada do exterior com o painel. Posteriormente o operador pergunta à pessoa que fez a chamada pelo transmissor qual o número do quarto e o nome do hóspede com quem deseja falar, consulta o *rack* para verificar se o cliente se encontra registrado no hotel. Por fim, insere o pino na tomada (plugue) correspondente, para completar a ligação entre as duas pessoas. Quando a luz indicar que a conversa terminou, o operador retira o encaixe do plugue. O *rack* é um dispositivo no qual se colocam as fichas que a recepção enviou ao CPCT, e que contêm os nomes dos hóspedes registrados no hotel e servem para controle. O sistema de comunicação manual não permite que os hóspedes manipulem suas extensões, uma vez que estas são feitas pelo operador.

No sistema automático, porém, os hóspedes podem fazer suas chamadas internas ou externas, eles mesmos, por meio de seu aparelho (exceto quando as chamadas ao exterior estejam bloqueadas), isso contribuiu para reduzir consideravelmente a atuação dos operadores, mas não eliminou essa atuação. O sistema automático utiliza um sistema de botões ou teclas.

O PABX de um hotel é de vital importância, por causa das múltiplas unidades de habitação e os diversos setores deste; razão

Fig. 9 – No PABX manual é a operadora quem atua para estabelecer comunicação.

pela qual deve haver pessoal suficiente para operá-lo por vinte e quatro horas. Também é necessário pessoal capacitado, pois um bom trabalho influirá na imagem que os hóspedes formarão do hotel. O PABX permanece geralmente perto da recepção, pela relação próxima que esses dois setores mantêm entre si. O pessoal que opera esse sistema em geral pertence ao sexo feminino, embora freqüentemente os rapazes atuem no período noturno. Esse setor é constituído de operadores e supervisores, cujo número dependerá do tamanho do hotel, em trabalho distribuído em três turnos: o matutino das 7 às 15 horas, o vespertino das 15 às 23 horas e o noturno das 23 às 7 horas.

Os operadores devem possuir as seguintes características: voz agradável e de bom timbre, domínio do idioma inglês, além da língua local, destreza manual, cultura geral etc., sendo necessário também ter postura e usar frases adequadas em suas conversas, como as que apresentamos a seguir:

Diálogo entre um hóspede, Sr. Garcia e a telefonista do hotel.

Telefonista:	Boa noite, Sr. Garcia. Em que posso servi-lo?
Sr. Garcia:	Boa noite, senhorita; poderia, por favor, despertar-me amanhã às 6h30, pois tenho de chegar ao aeroporto às 8 horas?

Telefonista: Sim, com todo prazer. O senhor vai fazer um vôo doméstico ou internacional?

Sr. Garcia: Internacional. Vou a Santo Antonio no Texas.

Telefonista: Então sugiro que o senhor se levante um pouco mais cedo, porque precisa estar no aeroporto uma hora antes da partida.

Sr. Garcia: É verdade, não tinha pensado nisso. A propósito, quanto tempo leva para chegar ao aeroporto?

Telefonista: Depende do trânsito, mas em média demora meia hora.

Sr. Garcia: Que horário sugere para levantar-me?

Telefonista: Creio que às seis seria razoável.

Sr. Garcia: Ótimo. A propósito, recebi um recado de uma chamada telefônica feita por meu sócio essa manhã, na minha ausência. Um mensageiro entregou-me. Muito obrigado.

Telefonista: Ao seu dispor.

São muitas as funções dos operadores, entre elas, realizar chamadas locais e interurbanas. É claro que essas chamadas têm um custo que deverá ser acrescido na conta do hóspede. É necessário então registrá-las e passar o débito ao caixa da recepção. Para as chamadas internas, no entanto, não há necessidade da atuação dos operadores, pois os hóspedes podem chamar diretamente a outros quartos. É função dos operadores despertar os hóspedes que solicitarem e também receber chamadas externas, tanto para os hóspedes como para o pessoal do hotel. Se o hóspede não estiver em seu quarto, pede-se a um mensageiro que tente localizá-lo chamando-o nas áreas públicas do hotel, ou seja, o *lobby,* restaurante, bares etc. Caso o hóspede não seja encontrado, preenche-se uma ficha especial para recados, que será colocada no escaninho correspondente da recepção ou o mensageiro a colocará em lugar visível no quarto do hóspede.

Alguns hotéis têm um sistema automático de recados que consiste em uma luz que acenderá simultaneamente no quarto do hóspede e no PABX quando o operador comprime um botão para informá-lo de que há um recado e que deverá comunicar-se com o operador. Além disso, será enviado um recado escrito ao quarto do hóspede.

Fig. 10 – Os mensageiros se encarregam de passar aos hóspedes do hotel os recados que recebem as operadoras.

As mensagens telefônicas são, em geral, de extrema importância, e os operadores devem transmiti-las cuidadosamente. Os operadores também oferecem informações aos hóspedes, seja sobre os serviços do hotel ou outro tipo de informações relacionadas a compras, excursões, lugares para passeio etc. Também deixam mensagens em locais visíveis ou avisos importantes em um quadro de avisos, para os operadores que cobrirão seus turnos. Antes de deixar seu trabalho, devem relacionar todas as chamadas interurbanas que realizaram naquele dia. Mesmo permanecendo em seu posto a maior parte do tempo, dispõem de alguns poucos momentos de descanso, e raramente serão vistos pelos hóspedes, que poderão comunicar-se com os operadores pelo PABX.

As funções dos supervisores consistem principalmente em supervisionar o bom desempenho do trabalho dos operadores e dos equipamentos, informando qualquer falha à companhia telefônica. Verifica e informa ao departamento pessoal e de contabilidade, quinzenalmente, as freqüências, as horas trabalhadas, as faltas e as saídas antecipadas para efeito de pagamento. Realiza e arquiva as operações do PABX como: chamadas locais, interurbanos, para despertar hóspedes etc. Também participa das reuniões de chefes de departamentos convocadas pelo gerente do hotel. O supervisor também convoca e preside as reuniões periódicas com o pessoal de seu setor, para orientações.

Sr. ....
Mr.

Quarto ....
Room

O Sr. (Sra.) ....
Mr. (Mrs.)

Chamou ao telefone às ....
Called you by telephone at

E como o Sr. não estava ....
And as you were not in

DISSE **The following** **message was left**	**Que ligue para** .... **To call number** **Que ligaria às** .... **Will call you at** **Que viria às** .... **Will call on you at**

....

....

....

Data .... **Mensagem recebida por**
Date **Message received by**

....

CHAMADA TELEFÔNICA LOCAL

R$ ______________________

Computar ao quarto nº ______________________

Número solicitado ______________________

Hora ______________ Data ______________

Operadora ______________________

Relatório de chamadas interurbanas do dia______________de________________de 20______

Nota nº	Nome	Cidade	Quarto nº	Valor da chamada	Telegramas	Taxa de serviço a pagar	Total

Interurbanos

Data_________________________ de 20______

Nome____Quarto_______________________

Chamada recebida______________________________________Hora_______Tempo____________________

Cidade____Tel._____________________________

Pago a CIA R$ _____________________

Chamada para__________________________Min_____________ Taxa serviço R$ _____________________

(Nome) **Total R$ ___________________**

(Não escreva no espaço acima)

________________________	________________________	________________________
Operador	**Operador LD**	**Deu preço**

EXERCÍCIOS

A. Responda as seguintes perguntas:

1. O que é PABX?
2. Quantos tipos de PABX existem e quais são?
3. Descreva um PABX manual.
4. Descreva um PABX automático.
5. Para que serve o *rack*?
6. Onde geralmente se localiza o PABX de um hotel?
7. Quais são as características de um operador de telefones?
8. Quais são as funções de um operador de telefones?
9. Quais as funções do supervisor de telefones?
10. Como funciona o sistema automático de recados?

B. Preencha as fichas seguintes com os dados que seu professor lhe oferecerá:

a) Formulário de recado telefônico.
b) Formulário de chamada telefônica local, para debitar na conta do hóspede.
c) Formulário de chamada telefônica interurbana, para débito na conta do hóspede.
d) Impresso para registro diário das chamadas interurbanas.

C. Visite um PABX de um hotel de sua cidade, que o professor lhe indique, e escreva um registro de no mínimo uma folha que contenha os seguintes dados:

a) Nome do hotel.
b) A data da visita.
c) A localização do PABX.
d) Número de operadores que trabalham por turno.
e) Equipamento e mobiliário de que dispõe o setor em questão.

D. Anote no parênteses da primeira coluna a letra correspondente à palavra da segunda coluna que complete a frase adequadamente:

( )	1. O PABX é um painel...	a) tomada
( )	2. Um PABX pode ser manual ou...	b) horas
( )	3. Ao terminar uma ligação, o operador tira o encaixe da...	c) feminino d) masculino
( )	4. As fichas contêm os nomes dos...	e) agradável
( )	5. O pessoal do PABX é suficiente para cobrir 24...	f) automático g) hóspedes
( )	6. O PABX costuma estar perto da...	h) importantes
( )	7. O operador é geralmente do sexo...	i) telefônico
( )	8. Um operador de telefones deve ter a voz...	j) recepção
( )	9. O operador aponta as chamadas telefônicas dos hóspedes em suas...	k) gerentes l) contas
( )	10. Os recados telefônicos são geralmente...	

Unidade VI

Departamento de Governança

A atividade hoteleira tem os mesmos objetivos que qualquer outra atividade comercial, a diferença está em que os hotéis vendem serviços e os outros estabelecimentos vendem coisas tangíveis.

Um quarto limpo e atraente repercutirá no conceito que os hóspedes formarão do hotel. Isso implica que o departamento de governança seja de vital importância em qualquer hotel, seja ele modesto ou de alto luxo. Para descrever o setor em questão, tomaremos como base a organização de um hotel comercial grande ou de um hotel de um núcleo de férias, pois um hotel menor apresentaria a mesma dinâmica, só que de uma maneira mais simples. Um hotel pequeno emprega, em geral, um número reduzido de camareiras que trabalham sob a supervisão de um gerente. Os grandes hotéis contam com um departamento de governança perfeitamente organizado, dirigido por uma governanta executiva, que dispõe de alguns ajudantes, tais como várias supervisoras, uma encarregada de rouparia, supervisor de limpeza, um chefe de lavanderia (quando a lavanderia depende também da governança).

A camareira maneja uma ampla variedade de apetrechos, como roupa de cama, artigos de banho, papéis, lustra-móveis, cinzeiros, caixinhas de fósforo, menus de serviço de quarto etc. A lista poderia ampliar-se a ponto de incluir todos os artigos que se encontram em um quarto de hotel. Por exemplo, as camas necessitam de troca constante de roupa, ou seja, lençóis e fronhas que são lavados e passados com muita freqüência e, por conseguinte, se gastam com maior rapidez que a roupa de cama de uso

Fig. 11 – A governanta controla o provimento de roupa branca.

doméstico normal. Se faz necessário providenciar roupa de cama nova com mais freqüência, para que o estoque não se reduza ao mínimo estabelecido. Alguns artigos como toalhas ou cinzeiros se gastam ou desaparecem com maior rapidez, devido ao fato de que os hóspedes os levam como *souvenir.*

Passaremos a enumerar algumas das responsabilidades da governanta executiva, que é a encarregada dessa complexa área de trabalho:

a) cuidar da limpeza do hotel em geral;
b) controlar o provimento de roupa branca e material de limpeza;
c) zelar pela guarda das chaves-mestras;
d) administrar o serviço de guarda das crianças;
e) cuidar dos uniformes dos funcionários;
f) solicitar os serviços do departamento de manutenção para alguma área sob sua responsabilidade;
g) guardar objetos esquecidos nos quartos pelos hóspedes;
h) organizar reuniões da gerência geral com outros chefes de departamentos;
i) participar das reuniões da gerência geral com outros chefes de departamentos.

Supervisoras de governança. As supervisoras se encarregam de supervisionar o trabalho das camareiras; o número de supervisoras depende da quantidade de quartos, mas o usual é ter uma supervisora por andar. A maioria dos hotéis costuma contratar mulheres para realizar essa tarefa. As camareiras se encarregam de fazer e trocar as camas, tirar o pó de todas as superfícies e peças, passar aspirador de pó no carpete, limpar os banheiros, arrumar as camas e repor nos quartos papéis ou objetos que a gerência ou o costume mandam. Devem relatar às governantas qualquer utensílio danificado e que necessite de reparo. Dependendo do tipo de organização, a camareira tem sob sua responsabilidade a limpeza de 10 a 20 quartos diariamente.

Ainda que as camareiras tenham um contato limitado com os hóspedes, estes costumam pedir-lhes que arrumem seus quartos em momento determinado, ou dizem que não desejam ser importunados. Quase todos os hotéis dispõem de cartões que o hóspede pode pendurar na maçaneta da porta nesses casos. Além disso, os hóspedes freqüentemente pedem às camareiras alguns objetos, como ferro de passar, travesseiros, jarra de água etc. Em alguns hotéis as camareiras retiram e entregam as roupas dos hóspedes para a lavanderia. Em outros, em particular os de luxo, as camareiras costumam arrumar as mantas da cama ao anoitecer, de tal forma que ofereçam um aspecto sugestivo.

Por sua vez o supervisor de limpeza realiza uma atividade semelhante à das supervisoras, pois inspeciona os camareiros,

Fig. 12 – Uma das atividades dos valetes é lavar o carpete.

os que realizam as tarefas mais pesadas. Essas tarefas consistem em lavar os vidros, os tapetes, trocar e limpar as cortinas, as áreas públicas do hotel, polir os metais e realizar outras tarefas que são consideradas superiores à capacidade física das mulheres. Os camareiros também ajudam em outras atividades, tais como providenciar aos hóspedes cabides adicionais para a roupa, berços, secadores de cabelo etc.

O recinto dedicado a rouparia e costura costuma ficar perto da sala da governanta, da lavanderia e dos vestiários dos funcionários. O pessoal encarregado da rouparia faz o controle da roupa de cama e uniformes do pessoal, entregues e recebidos pelas camareiras, pessoal da lavanderia e pessoal dos restaurantes e bares.

Embora as camareiras levem aos quartos as roupas pequenas como toalhas e fronhas, são os camareiros os responsáveis por essa tarefa. Em alguns hotéis é costume trocar peça por peça, ou seja, a roupa suja por roupa limpa. Outra das atividades da rouparia é marcar a roupa de quarto com o logotipo do hotel. A costureira se encarrega de cerzir as peças rasgadas e costurar as descosturadas.

Lavanderia. Esse setor é também um item muito importante sob o controle da governanta. Alguns hotéis pequenos utilizam serviços externos, porém os de grande porte dispõem de instalações adequadas.

As pessoas que atuam são o chefe do departamento, lavadeiras, passadeiras, operadores da calandra, costureiras e valetes.

A lavanderia envolve uma grande atividade, uma vez que diariamente são lavados muitos lençóis, toalhas de mesa e de banho e guardanapos usados constantemente no hotel. O mesmo acontece com o trabalho do valete, que se encarrega, entre outras coisas, dos uniformes do pessoal do hotel. O valete deve oferecer aos hóspedes um serviço rápido e eficiente, como recolher a roupa suja para lavá-la, limpá-la ou passá-la.

Ao recolher a roupa dos hóspedes, o valete deve assegurar-se de que esta coincida com a quantidade anotada por eles; também deverá preencher um relatório, anotando os números dos quartos atendidos durante o dia, para evitar ou resolver qualquer equívoco. Assim que a roupa é entregue ao hóspede, deve-se preencher uma nota de débito, e entregá-la à caixa de recepção para que seja registrada na conta do cliente.

O pessoal da governança deve coordenar suas atividades com a recepção. Esta fornece à governança uma lista de quartos que se encontram vagos, para que se providenciem a limpeza e a liberação destes o mais breve possível.

A recepção também notifica à governanta a chegada de alguma personalidade, pois muitos hotéis costumam colocar alguma cortesia em seus quartos, como flores, frutas etc., ou oferecer-lhes algum serviço especial. No setor hoteleiro, os hóspedes muito importantes não somente são celebridades, como também assíduos freqüentadores do hotel.

EXERCÍCIOS

A. Responda as seguintes perguntas:

1. Que impressão causa, ao hóspede, um quarto de hotel limpo e atraente?
____
____
2. Que profissionais atuam com a governanta executiva? ______________
____
____
3. Que artigos são do controle da governanta executiva? ______________
____
____
4. Cite três responsabilidades da governanta executiva. ______________
____
____
5. De que se encarregam as supervisoras? ______________
____
____
6. Aproximadamente quantos quartos uma camareira tem sob sua responsabilidade?
____
____
7. Cite três atividades de uma camareira. ______________
____
____
8. Qual é a responsabilidade de um supervisor de limpeza? ______________
____
____

9. Onde se localiza o recinto dedicado a rouparia e costura? ______________

____

____

10. Quais as responsabilidades do pessoal da rouparia? ________________

____

____

B. Coloque no espaço vazio a letra correspondente ao responsável pela atividade descrita:

Responsável:

G Governanta
S Supervisora
R Encarregado da rouparia
C Supervisor de camareiros
L Chefe da lavanderia

1. ________ Faz o controle da roupa de cama e uniformes do pessoal.
2. ________ São lavados diariamente muitos lençóis, toalhas de mesa e banho, guardanapos usados constantemente em um hotel.
3. ________ Zela pela guarda das chaves-mestras do hotel.
4. ________ Supervisiona se as camas foram arrumadas e as roupas trocadas, quando necessário.
5. ________ Supervisiona o pessoal que realiza atividades de lavar tapetes e vidros.
6. ________ Administra o serviço de guarda das crianças.
7. ________ É responsável pelos objetos que os hóspedes esquecem nos quartos do hotel.
8. ________ Verifica se o carpete dos quartos foi bem aspirado e os banheiros limpos.
9. ________ Supervisiona o pessoal que tem como função limpar as áreas públicas do hotel e polir os metais.
10. ________ Supervisiona o pessoal que recolhe a roupa suja dos hóspedes para lavá-la, limpá-la ou passá-la.

C. Preencha os formulários seguintes, com base em dados fictícios que o professor apresentará na informação a respeito contida na unidade correspondente:

a) Relatório da governança
b) Relatório diário da camareira
c) Lista da lavanderia
d) Lista da lavanderia II
e) Relatório do valete

RELATÓRIO DE GOVERNANÇA

B – Bloqueado √ – Ocupado X – Vago V – Desocupado, mas com malas Atenção – "Day use" ocupado sem malas

F-R-29 Data____________________

		Observações			Observações			Observações			Observações			Observações
101			301			501			701			901		
102			302			502			702			902		
103			303			503			703			903		
104			304			504			704			904		
105			305			505			705			905		
106			306			506			706			906		
107			307			507			707			907		
108			308			508			708			908		
109			309			509			709			909		
110			310			510			710			910		
111			311			511			711			911		
112			312			512			712			912		
114			314			514			714			914		
201			401			601			801			1101		
202			402			602			802			1102		
203			403			603			803			1103		
204			404			604			804			1104		
205			405			605			805			1105		
206			406			606			806			1106		
207			407			067			807			1107		
208			408			608			808			1108		
209			409			609			809					
210			410			610			810					
211			411			611			811			M		
212			412			612			812			R		
214			414			614			814			E		

Governanta ____________________

Visto administração ____________________

Visto contabilidade ____________________

Hotel Presidente ZONA ROSA	**Relatório diário da camareira** Data:	
Saídas	Quartos ocupados	Limpeza adicional
Camareira	Supervisora	

ROL DE LAVANDERIA

Nome______________________________ Quarto______________
(Name) (Room)
Data______________________________ Valor______________
(Date) Amount

ATENÇÃO

1. ANOTE AQUI SUA ROUPA E MANDE-A ANTES DAS NOVE HORAS E A ENTREGAREMOS NO MESMO DIA ÀS 20 HORAS.
2. AS ROUPAS RASGADAS OU MANCHADAS, COLORIDAS OU QUE ENCOLHAM, SERÃO LAVADAS SOB A RESPONSABILIDADE DO DONO.
3. NÃO NOS RESPONSABILIZAMOS POR OBJETOS DE VALOR OU BENS PESSOAIS ESQUECIDOS NAS ROUPAS.
4. SE ENTREGOU UM ROL DE ROUPAS COM O PACOTE DE ROUPAS SUJAS, PODERÁ CONFERIR A ENTREGA.

ATTENTION

1. LIST YOUR LAUNDRY HERE, SEND IT TO US BEFORE 9 PM. AND WE SHALL HAVE IT READY FOR YOU ON THE SAME DAY AT 8 PM.
2. WORK ON BADLY WORN TORNO OR STANEID GARMENTS DONE AT OWNER'S EXCLUSIVE RISK. LIKEWISE WE DO NOT ASSUME ANY RESPONSABILITY FOR DECOLORING AND SHRINKING GARMENTS.
3. WE ARE NOT RESPONSABLE FOR VALUABLES LEFT IN CLOTHING.
4. UNLESS YOUR LIST ACCOMPANIES YOUR LAUNDRY, OUR LIST MUST BE ACCEPTED CORRECT.

As reclamações por falta de alguma peça deverão ser feitas dentro de 24 horas do momento do recebimento do pacote com esse impresso.

Missing articles must be claimed during 24 hours afecter receipt of laundry presenting this note when you make your claim.

Sua relação	Nossa relação	**Masculina**	**Preço unitário**	**Valor**
		Meias		
		Camisas		
		Camisas sociais		
		Camisetas		
		Cuecas		
		Pijama		
		Lenços		
		Calças jeans		
		Terno de linho de 2 peças		
		Feminina		
		Soutien		
		Blusas		
		Blusas de seda		
		Camisolas		
		Suéter		
		Vestidos de algodão		

Indique se deseja sua roupa engomada. A falta de indicação será entendida como sem goma. As roupas que estejam rasgadas serão lavadas sob a responsabilidade do dono.

LISTA DA LAVANDERIA II

Nome______________________________ Quarto______________
(Name) (Room)
Data______________________________ Valor______________
(Date) (Amount)

Serviço de lavanderia **Serviços**

Passada **Lavar** **Passar**

Somente passar (Pressed only)	Preço (Price) R$	Favor marcar o serviço que deseja, usando uma marca para cada roupa. Please mark kind of service required using one form per garment			Preço (Price) R$	Lavar a seco (Dry cleaning)
		Homens				
	5,00	Terno de 2 peças (Suit 2 pieces)			20,00	
	3,00	Calças (Pants)			9,00	
	3,00	Paletó (Coat)			10,00	
	8,00	Sobretudo (Overcoat)			18,00	
	3,75	Suéter (Sweater)			8,00	
	2,50	Camisa (Shirt)			4,00	
	2,00	Camiseta (Sport shirt)			3,00	
	3,00	Jaqueta (Jacket)			10,00	
	1,00	Gravata (Neck)			6,00	
		Mulheres				
	4,50	Vestidos (Lady's dres)			16,00	
	6,00	Camisolas (Tail red suit)			20,00	
	3,00	Saia simples (Plain shirt)			8,00	
	2,50	Blusa (Blius)			5,50	
	3,75	Suéter (Sweater)			8,00	
	8,00	Sobretudo (Overcoat)			8,00	
		Total $				

O HOTEL NÃO SE RESPONSABILIZA POR ROUPAS NÃO ESPECIFICADAS NEM POR OBJETOS QUE ESTIVEREM DENTRO DESTAS.

O SERVIÇO DE PASSAR SOMENTE SE EXECUTARÁ DENTRO DAS 4 HORAS, SE FOR SOLICITADO ANTES DAS 4 PM.

PARA LAVAR A SECO SÃO NECESSÁRIAS, NO MÍNIMO, 6 HORAS, SE FOR SOLICITADO ANTES DA 1 PM.

NOTA: ROUPAS ESPECIAIS, PREÇO SEGUNDO O TRABALHO, ASSIM COMO AS ROUPAS DE CRIANÇAS.

THE HOTEL WILL NOT BE RESPONSIBLE FOR VALUABLES LEFT IN CLOTHING

PRESSING ONLY WITHIN FOUR HOURS WHEN ORDERED BEFORE 4 P. M.

DRY CLEANING WILL BE DELIBERED WITHIN 6 HOURS WHEN ORDERED BEFORE 1 P. M.

SPECIAL COODS PRICED ACCORDINGLY, SAME APPLIETS TO CHILDRE CLOTHES.

el presidente
ZONA ROSA, MEXICO D.F. Hamburgo 135 Mexico 6 D.F.

SERVIÇOS

Data ______________ 20____

Quarto nº	Nome	Comprovante nº	Lavanderia	√	Roupa passada	√	Lavanderia	√	Sapatos engraxados	Notas

D. Redija três diálogos com base nos seguintes dados e informações. Em cada diálogo deverão estar pelo menos dois personagens com cerca de cinco frases cada um:

a) Um hóspede do hotel pede à camareira algo que falta em seu quarto.
b) Uma supervisora de camareiras entrega à governanta um relatório escrito pelas camareiras, com relação a uma peça sanitária que se encontra quebrada, conforme detectou em um dos banheiros. Também comenta verbalmente com a governanta.
c) Um hóspede do hotel entrega ao valete algumas roupas que necessitam ser lavadas e pede ao valete algumas informações a respeito.

Unidade VII

Departamento de Engenharia

Em alguns hotéis, a engenharia é uma operação independente do setor de manutenção, já que o tipo de trabalho desse departamento não se preocupa tanto com os reparos, mas sim tenta evitá-los, uma vez que o departamento de engenharia se responsabiliza pela equipe mecânica.

O chefe desse departamento é um engenheiro mecânico eletricista, capacitado para dirigir as atividades de sua área; dessa forma se encarrega de supervisionar o pessoal técnico especializado. As atividades realizadas pelo pessoal que integra esse departamento não são visíveis aos hóspedes, mas apresentam vital importância para o bom funcionamento do hotel.

Um hotel moderno dispõe de muitos equipamentos complexos e exige que o pessoal de engenharia tenha uma ampla experiência e também dinamismo nos trabalhos realizados.

Sem dúvida, uma dependência que esteja em manutenção não pode produzir lucros ao hotel, por isso tanto o departamento de engenharia como o de manutenção e a governança procuram manter tantos quartos em serviço quantos sejam possíveis por meio de seus técnicos. Alguns hotéis têm seu próprio pessoal para realizar essas tarefas, mas as grandes instalações modernas utilizam serviço terceirizado.

As funções do pessoal de engenharia se dividem em seis campos principais, ou seja, ventilação e ar-condicionado, calefação, refrigeração, eletricidade, encanamento, manutenção e reparos gerais.

Ventilação e ar-condicionado. A estada em hotel situado em uma região quente seria extremamente incômoda para os hóspedes se não houvesse ar-condicionado ou ventilação. Por isso, os hotéis de primeira classe dispõem, nesses casos, de um sistema de ar-condicionado; alguns hotéis de categoria inferior costumam ter pelo menos ventiladores em todos os quartos. O departamento de engenharia dos grandes hotéis tem sobre si a responsabilidade do funcionamento adequado desses sistemas.

Calefação. A calefação, assim como a ventilação e o ar-condicionado, é necessária em todo o hotel, particularmente no inverno, quando é indispensável eliminar o frio e manter uma temperatura adequada, procurando evitar um superaquecimento. Os sistemas de calefação podem ser a vapor ou à base de água quente. O sistema a vapor é mais comum e de maior aceitação; alguns hotéis obtêm o vapor por meio de companhias de serviço público, e outros têm suas próprias caldeiras.

O sistema de água quente funciona à base de carvão ou gás. Esse sistema tem o inconveniente de provocar muita sujeira quando se usa o carvão e também requer pessoal adicional.

Além disso, os hotéis que usam sistema a vapor dispõem também de um sistema de água quente, prevendo uma possível quebra no primeiro sistema.

O sistema de calefação requer manutenção constante, para que funcione adequadamente, e o departamento de engenharia deve estar atento a esse sistema.

Refrigeração. Os hotéis modernos dispõem de instalações adequadas de refrigeração para cobrir as necessidades do departamento de alimentos e bebidas, e por esse motivo os grandes hotéis têm refrigeradores e congeladores (freezer) suficientes para suprir todas as necessidades. O congelador pode estar acoplado ao refrigerador ou pode ser uma unidade separada. Também dispõem de câmaras frigoríficas, cujo tamanho dependerá das necessidades, mas costumam ser suficientemente grandes, sendo possível caminhar dentro delas. O acesso às câmaras frigoríficas deve ser limitado, e estas devem manter-se trancadas. Com o objetivo de controlar os artigos ali armazenados, somente determinados funcionários poderão ter a chave.

As câmaras frigoríficas costumam estar equipadas com ganchos, nos quais se prendem grandes peças de carne, bem como prateleiras para colocar determinados produtos, como ovos, man-

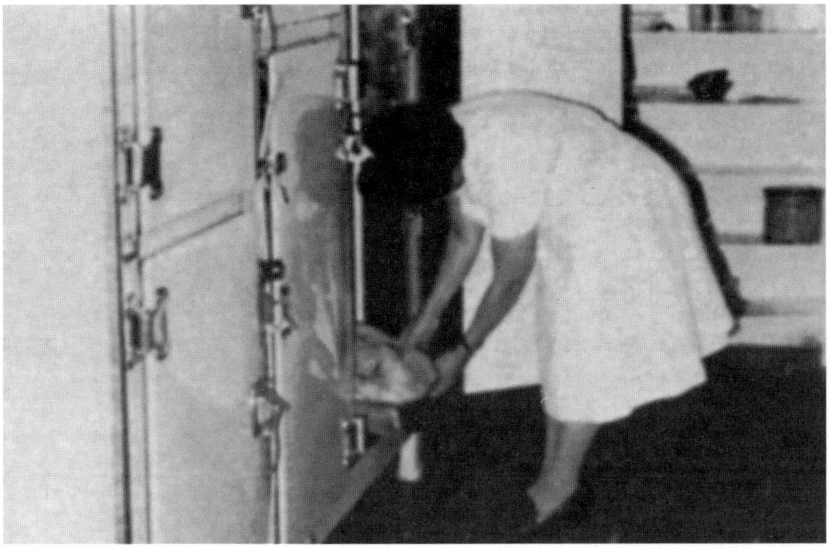

Fig. 13 – As instalações de refrigeração devem funcionar 24 horas.

teiga e leite. A temperatura usual de uma câmara frigorífica é ao ponto de congelar, devendo conter caixas especiais para peixes e mariscos em geral, que requerem cuidados especiais.

Todas as instalações de refrigeração, inclusive as do restaurante, deverão ser freqüentemente limpas, tendo de funcionar 24 horas por dia, pois, caso contrário, os produtos armazenados poderão estragar, refletindo em perdas consideráveis para o hotel. O departamento de engenharia deve dar manutenção constante a esses equipamentos para evitar qualquer problema.

Eletricidade. O bom funcionamento do sistema elétrico é fundamental para um hotel. Se esse sistema falhar será o caos, uma vez que, além da iluminação, muitos aparelhos funcionam com energia elétrica, como rádios, televisores, sistemas de refrigeração, bombas, música ambiente etc. Este é o motivo por que o departamento de engenharia deverá estar presente em todos os momentos para trocar fusíveis que se queimem, detectar e eliminar algum curtocircuito, manter em bom estado todos os aparelhos elétricos, as tomadas e os interruptores. Se acontecer uma interrupção no fornecimento de energia, alguns hotéis possuem geradores próprios, que permitem o uso ininterrupto desta.

Encanamento. É normal que um hotel com muitos quartos, com banheiros, cozinhas etc., que utilize sistema de água quente e outro de água fria, possa apresentar defeitos no sistema de canalização, como vazamentos e interrupções, o que requer a presença constante de um encanador para os consertos necessários. Se a água quente não funcionar, os hóspedes descontentes não hesitarão em fazer reclamações à administração; também as torneiras se desgastam e é preciso consertá-las para que não ocorram vazamentos. Os hóspedes, por sua vez, costumam jogar objetos por descuido em vasos sanitários e pias, que obstruem o escoamento, podendo causar inundações se esses defeitos não forem sanados rapidamente. Em geral, com um desentupidor ou um simples arame é possível a desobstrução, mas às vezes é necessário retirar o vaso sanitário.

Manutenção e consertos em geral. A manutenção se refere aos reparos constantes que se fazem aos equipamentos, ao mobiliário ou ao próprio hotel, com o objetivo de conservá-los em bom estado e evitar futuros consertos que muitas vezes poderão causar incômodo aos hóspedes ou prejuízos consideráveis ao hotel. Os aparelhos devem ser revisados a cada quinze dias ou uma vez ao mês, dependendo do tipo de equipamento.

Alguns aparelhos importantes, como os elevadores, requerem atenção especial, pois os hotéis mantêm um contrato com a companhia instaladora, para poder receber manutenção periodicamente.

Também as piscinas e espelhos de água requerem constante atenção com respeito ao uso de determinadas substâncias,

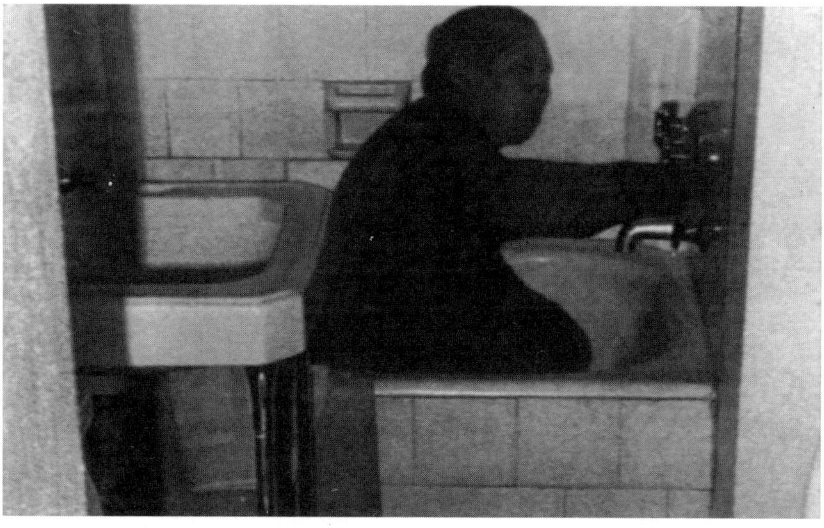

Fig. 14 – Em algumas ocasiões, é necessário retirar o vaso sanitário para seu desentupimento.

como cloro, ácido muriático ou sulfato de cobre, a fim de manter essas instalações em ótimo estado. Desse modo, devem ser revisados filtros e conexões, a iluminação subaquática das piscinas, as caixas de registro, limpadores da superfície e pintura. Cabe destacar a importância da brigada de incêndio, indispensável para segurança aos hóspedes, além de ser requisito obrigatório estabelecido pelas companhias de seguros. O chefe de manutenção costuma instruir os funcionários no uso dos extintores para combater um incêndio, caso seja necessário, e definir os que deverão estar estrategicamente colocados no hotel.

O departamento de manutenção se utiliza de formulários e relatórios, como o relatório de inspeção de quartos, feito pela governanta, e também as informações do funcionário de manutenção que realiza os reparos.

EXERCÍCIOS

A. Responda as seguintes perguntas:

1. Qual é a preocupação maior do departamento de engenharia? ______________

   ____

   ____

2. Qual é a profissão que em geral tem o chefe do departamento de engenharia?

   ____

   ____

3. Quais os requisitos que os funcionários do departamento de engenharia devem ter? ______________________________

   ____

   ____

4. Quais os campos principais em que se dividem as funções do departamento de engenharia? ______________________________

   ____

   ____

5. Por que é importante que os hotéis situados em regiões de clima quente disponham de um sistema de ventilação e ar-condicionado? ______________

   ____

   ____

6. Quais são os sistemas de calefação? ______________________________
____
____

7. Por que é importante que as instalações de refrigeração funcionem 24 horas por dia? ____
____
____

8. Por que é essencial o bom funcionamento do sistema elétrico? __________
____
____

9. Quais as atividades que um encanador realiza? _______________________
____
____

10. Que acontece quando um quarto está fora de uso? ____________________
____
____

B. Complete as orações com as palavras adequadas:

1. Em alguns hotéis a engenharia é um setor independente da ______________
____
____

2. O departamento de engenharia se responsabiliza pelos aparelhos __________
____
____

3. O chefe do departamento de engenharia é um engenheiro mecânico ______
____
____

4. O chefe do departamento de engenharia se encarrega de supervisionar os técnicos ____
____
____

5. As atividades do pessoal de engenharia está oculta à vista dos ___________
____
____

6. Um hotel moderno dispõe de muitos equipamentos ____________________
____
____

7. Um quarto fora de uso não pode dar ______________________________
____
____

8. Os grandes hotéis modernos utilizam os serviços de empresas __________
____
____

9. As funções do pessoal de engenharia se dividem em seis principais _______
____
____

10. Os campos principais do departamento de engenharia são ventilação e ar-condicionado, calefação, refrigeração, eletricidade, manutenção e ______
____
____

C. Complete com V (verdadeiro) ou F (falso):

1. ________ O departamento de engenharia está sempre integrado à manutenção.
2. ________ O chefe do departamento de engenharia costuma ser um técnico de manutenção.
3. ________ O pessoal de engenharia deverá ter experiência e dinamismo para realizar com sucesso seu trabalho.
4. ________ As funções do pessoal de engenharia se dividem em seis campos.
5. ________ O sistema de calefação utilizado pela maioria dos hotéis é de água quente.
6. ________ O sistema de vapor funciona à base de carvão.
7. ________ Todas as instalações de refrigeração deverão funcionar 24 horas.
8. ________ O equipamento contra incêndio é indispensável em todo hotel.
9. ________ O sistema de refrigeração não tem nenhuma relação com o sistema elétrico.
10. ________ Todos os hotéis têm geradores próprios.

D. Baseado no tema dessa unidade (que poderá ser ampliado com as informações de seu professor e bibliografia adicional), redija um texto:

____
____
____
____

Unidade VIII

Departamento de Manutenção e Redecoração

Cabe ressaltar que em alguns hotéis a responsabilidade desse departamento recai sobre o chefe do departamento de engenharia. A função desse departamento é conservar a limpeza de paredes, carpetes e tapetes, dos móveis e a redecoração dos quartos. Para realizar essas funções, o chefe de manutenção dispõe de pintores, marceneiros, tapeceiros, lavadores de paredes e tapetes, jardineiros, pedreiros, e alguns hotéis de luxo dispõem de um decorador de interiores.

É costume pintar o hotel a cada ano em circunstâncias normais, mas em ocasiões especiais quando algum quarto se encontra em más condições, se for necessário, este deverá ser pintado novamente.

Os marceneiros e os tapeceiros consertam o mobiliário quebrado; os lavadores participam ativamente lavando as paredes do vestíbulo e os tapetes.

Alguns hotéis, principalmente os destinados a férias, estão rodeados por áreas verdes, como, por exemplo, o balneário Oaxtepec em Morelos, México, às quais é necessário uma atenção especial, bem como a seu interior. Nesses hotéis, o chefe de manutenção dispõe de jardineiros e funcionários especiais para regar a grama e os campos, plantar e podar plantas ornamentais e árvores, cortar a grama e realizar outras tarefas. Algumas vezes esses hotéis contratam os serviços de famosos floricultores ou arquitetos que trabalham em conjunto com o chefe de áreas verdes, assim como os decoradores de interiores trabalham em conjunto com a governanta. O floricultor, em outras palavras, projeta gramados e jardins, seguindo as orientações do chefe de áreas verdes para evitar problemas de manutenção.

O decorador de interiores, por sua vez, se encarrega do aspecto do hotel e dos quartos. Essa função inclui a escolha do estilo dos móveis, a cor das paredes, tapetes, colchas, cortinas, disposição dos quadros, luzes e a decoração em geral; também seleciona os tecidos e materiais diversos, buscando baixos custos e um material fácil de lavar e conservar.

Fig. 15 – Os hotéis de férias costumam estar rodeados de áreas verdes, que requerem cuidados especiais dos jardineiros.

Fig. 16 – O decorador de interiores está encarregado de cuidar do aspecto dos quartos.

É costume ter um ou dois apartamentos desativados durante o ano todo para redecoração.

Terminada a temporada de turismo intenso, a administração do hotel fecha um ou dois quartos, e o departamento de manutenção e redecoração entra em ação. Os quartos são redecorados por completo, aproximadamente a cada cinco ou seis anos.

O chefe de manutenção faz todas as compras para o departamento em questão e participa ativamente na redecoração do hotel.

Uma manutenção bem-feita e constante trará mais rendimentos ao hotel, oferecendo as seguintes vantagens:

a) conservação do hotel e do equipamento em ótimas condições;
b) o hotel refletirá uma boa imagem, o que repercutirá como prestígio;
c) evitará queixas dos hóspedes descontentes e conseqüentemente haverá uma melhor relação entre o departamento de manutenção e a gerência;
d) reduzirá pagamento por conta de reparos urgentes;
e) o custo do serviço será mais econômico, e o número de consertos se reduzirá ao mínimo;
f) oferecerá maior segurança ao pessoal;
g) evitará transtornos aos hóspedes.

Para se ter um bom controle de todo seu movimento, o departamento em questão mantém arquivados os seguintes documentos:

a) memorandos recebidos;
b) memorandos enviados;
c) recibo dos acordos feitos;
d) pontualidade e comparecimento do pessoal;
e) requisições de materiais;
f) inventário de materiais e ferramentas pertencentes ao departamento;
g) ordens de trabalho para o departamento em questão.

EXERCÍCIOS

A. Responda:

1. Quais são as funções do departamento de manutenção e redecoração? ____

2. Com que freqüência se costuma pintar um hotel em condições normais?

3. Quem repara os móveis danificados? ____

4. Os floricultores trabalham em conjunto com quem? ____

5. Com quem os decoradores de interiores coordenam suas atividades? ____

6. Quais são as funções do floricultor? ____

7. Quais são as funções do decorador de interiores? ____

8. Quantos quartos se costuma manter fora de serviço durante o ano todo para cuidar da redecoração? ____

9. Com que freqüência se redecoram totalmente os quartos de um hotel?

10. Que vantagens oferece a manutenção bem-feita e constante? ____

B. Preencha o seguinte formulário de requisição de material para o departamento de manutenção, com base nas informações contidas nesta unidade, e nas que seu professor lhe apresentará:

REQUISIÇÃO DE MATERIAIS EM GERAL

Data______________________ Departamento______________________

Referência número	Artigos	Quantidade		Preço Unitário		Total	
		Pedido	Despachado				

Requerido por ____________________ Recebido por ____________________ Despachado por ____________________

C. Preencha os espaços com palavras adequadas que completem o sentido da oração:

1. Conservar a limpeza das paredes é função do departamento de ______________________________.
2. Os hotéis de luxo dispõem de decoradores de ________________.
3. É costume pintar o hotel a cada ano em condições ________________.
4. Os marceneiros e tapeceiros consertam o ____________________.
5. Os hotéis destinados a férias costumam estar rodeados de áreas __________.

6. Os floricultores trabalham em conjunto com o ________________________.
7. Os decoradores coordenam seu trabalho com o ________________________.
8. Um floricultor projeta os gramados e ________________________________.
9. Um decorador de interiores se encarrega do aspecto do _______________.
10. Uma manutenção adequada evitará queixas dos hóspedes ______________.

D. Escolha um dos temas que são apresentados a seguir. Baseado nele e nos parâmetros relativos a extensão e ilustrações que seu professor oferecerá, faça um trabalho consultando bibliografia adicional, para ampliar as informações. A pesquisa poderá ser feita em grupos:

a) Tema sobre decoração de interiores para hotéis, incluindo o estilo dos móveis, as cores do carpete, dos tapetes, paredes, colchas, cortinas, e também a disposição dos quadros, iluminação e decoração em geral.
b) Tema sobre projeto de gramados e jardins para hotéis, incluindo a variedade de plantas ornamentais e a disposição destas nos jardins.

Unidade IX

DEPARTAMENTO DE VENDAS

O departamento de vendas é um dos pilares do hotel comercial, e obviamente a existência deste dependerá da venda dos serviços ao público.

Um hotel possui basicamente três produtos para oferecer a seus clientes: hospedagem, alimentos e bebidas, e o que mais rende costuma ser a hospedagem.

Na atualidade, os hotéis competem entre si, não somente nos serviços oferecidos ao hóspede, mas também na venda de seus espaços.

As convenções, pacotes e festas que acontecem nos salões do hotel são grandes negócios. Por outro lado, muita gente que assiste a esses eventos se torna posteriormente um cliente potencial para o hotel.

Com o desenvolvimento da indústria hoteleira organizada, surgiu a necessidade de criar um departamento de vendas no hotel, que é também parte integrante da administração.

Antes o trabalho de um gerente de hotel era muito limitado, pois consistia apenas em saudar e despedir-se dos hóspedes cordialmente. Hoje em dia, com o aperfeiçoamento da indústria hoteleira, o gerente teve de abandonar essa posição de relações públicas, tornando-se um executivo de negócios, cujos principais interesses são as estatísticas e as porcentagens, bem como alimentos, folha de pagamento e administração em geral.

Como resultado dessa mudança, as tarefas de relações públicas ficaram a cargo do departamento de vendas. Atualmente o gerente de vendas e seu pessoal são os contatos principais entre o hotel e seus clientes.

A organização desse departamento depende do tamanho e da localização do hotel. Em hotéis de grande porte, é claro que o gerente não pode preocupar-se com o programa de vendas.

Integração do departamento de vendas. O departamento de vendas é formado por um gerente de vendas e um corpo de vendedores, cujo número pode variar dependendo do tamanho do hotel.

A responsabilidade que recai sobre o gerente é grande, e muitas são suas funções, entre elas as de: a) cuidar da parte administrativa e b) propiciar as vendas.

Algumas das atividades de caráter administrativo são as seguintes:

1. fixar a cota de venda de cada vendedor;
2. criar pacotes ou tarifas especiais para efeitos promocionais;
3. organizar um manual aos clientes a fim de enviar-lhes informações pelo correio dos serviços que o hotel oferece;
4. supervisionar a correta apresentação do pessoal de vendas;
5. organizar um sistema de registro de clientes potenciais, por meio de formas especiais, nas quais se registrará o desenrolar das visitas dos vendedores;

Fig. 17 – Os pacotes oferecem, entre outros serviços, transporte e alojamento.

6. assegurar-se de dispor de material para entregar a seus vendedores;
7. participar de reuniões com seus supervisores e outros chefes de departamento, e também realizar e presidir as reuniões com seus vendedores;
8. apresentar seu relatório de gastos e o de seus vendedores, anexando as notas correspondentes ao gerente administrativo, para sua autorização, o mais tardar quinze dias após a realização da viagem ou promoção local.

Algumas de suas estratégias para aumentar as vendas são as seguintes:

1. visitar pessoalmente, de forma sistemática, os clientes potenciais e pessoal-chave das empresas, a fim de promover a venda de alojamentos, alimentos e bebidas do hotel;
2. buscar novos mercados potenciais;
3. analisar em detalhes tudo que se relacione a convenções que a concorrência tenha realizado, para oferecer futuramente seus serviços para algum evento;
4. esforçar-se para recuperar os clientes perdidos;
5. participar de todos os eventos de caráter empresarial, governamental ou industrial, pois é por meio destes que se apresenta a oportunidade de captar negócios ao hotel;
6. representar dignamente o hotel em qualquer situação, lugar ou momento.

Área de vendas. O território ou área de vendas é a área geográfica destinada ao vendedor; uma vez que a cada vendedor se destina uma área. Este deverá investigar se a área em questão está sendo trabalhada por outro vendedor. Nesse caso deverá recorrer ao arquivo para verificar toda a informação relativa a essa área. Caso contrário, deverá coletar toda informação relativa ao território relacionado como o tipo de comércio e indústria que o integra e o rol dos possíveis clientes. Deve estabelecer um projeto de freqüência de visitas a esses possíveis clientes, que podem ser feitas uma vez por semana, a cada duas ou quatro semanas.

Visitas às empresas. Uma vez detectados os possíveis clientes da região, o vendedor deverá estabelecer o número de visitas diárias às diferentes empresas, que não deverá ser nem menos que cinco nem mais que dez. Fará uma ficha para cada empresa com os seguintes dados: nome da empresa, endereço, telefone, nome da pessoa visitada, sua formação, seu cargo etc.

O fato de visitar uma empresa com freqüência não garante a captação de negócios, razão pela qual o fator determinante para o sucesso dessas visitas é, sem dúvida, o dirigir-se à pessoa certa, bem como o planejamento destas.

A pessoa certa em alguns casos é o diretor da empresa, no entanto, algumas empresas dispõem de departamentos especiais, como o de relações públicas ou de relações industriais, que se encarregam de efetuar as reservas de hotéis e aviões para o funcionário que viaja.

De outra parte, os departamentos de vendas e/ou de técnicas de vendas costumam organizar seminários e convenções, que permitirão ao vendedor descobrir as datas dos eventos e os serviços solicitados.

Uma vez localizada a pessoa-chave, convém agendar um encontro com esta para oferecer o hotel e seus serviços. Durante a entrevista, o vendedor deverá enfatizar todos os serviços oferecidos, informando também os preços de hospedagem, refeições e bebidas.

É necessário que o vendedor se assegure de que sua pasta esteja dotada de todo o material necessário para a entrevista, ou seja, folhetos do hotel, tabela de preços, literatura relativa aos serviços e instalações, pôsteres etc. No início, nem sempre a entrevista obterá êxito, pois o futuro cliente pode mostrar-se um tanto negativo, no entanto este é o momento certo para começar o trabalho de venda.

O vendedor deve mostrar-se dinâmico, procurando empregar uma série de argumentos para convencer o possível cliente, para aceitar seus serviços, sem perder de vista que o uso do adequado jogo de palavras é decisivo em certo momento. Para concluir a venda, é costume levar o cliente para conhecer pessoalmente o hotel e suas instalações.

Os departamentos que apresentam relação estreita com o departamento de vendas são: recepção, banquetes, convenções, promoção de alimentos e bebidas, departamento de histórico dos clientes/cadastros, escritório de propagandas e vendas internas.

O departamento de vendas atua em três níveis de relações – com os clientes, comerciais e pessoais – o que faz sua intervenção determinante nas seguintes fontes de negócios:

- *Convenções*. Esta é uma linha muito importante para a indústria hoteleira, uma vez que anualmente realizam reuniões, várias associações sindicais e educativas, fraternidades e grupos profissionais. Essas convenções podem ser municipais, estaduais, nacionais ou internacionais. Na visão dos hoteleiros, a época ideal para essas convenções é a baixa temporada de turismo, embora isso não seja sempre possível.
- *Publicidade*. Existem muitas maneiras de se fazer a publicidade de um hotel, sendo uma delas a mala-direta. Também o fato de publicar os nomes dos hóspedes especiais causa grande efeito, uma vez que essas pessoas ficarão satisfeitas em ver seu nome na imprensa. Outro modo de publicidade é o de colocar faixas ou cartazes nas estradas.

  A publicidade pela televisão também causa efeito, mas é muito cara, por isso os hoteleiros aproveitam certas ocasiões para realizar esse tipo de divulgação de forma gratuita, ao oferecer em alguns programas prêmios aos participantes, que consistem em desfrutar

Fig. 18 – O aluguel de espaços para banquetes representa um lucro considerável para o hotel.

de um fim de semana no hotel; ocasião em que se menciona o nome do estabelecimento e seu endereço.

- *Outras fontes de negócios.* Os encarregados das vendas devem fazê-las pessoalmente e buscar outros contatos que possam propiciar negócios ao hotel. As companhias de transporte, principalmente as linhas aéreas comerciais, além das agências de viagens, são de vital importância para os hotéis, pois com freqüência organizam pacotes, excursões nas quais incluem, entre outros serviços, transporte e alojamento.
- *Espaços públicos.* O aluguel desses espaços para banquetes, reuniões, festas, recepções de casamentos, festas de escritório, celebrações de datas especiais etc. representa um bom lucro ao hotel e, portanto, o pessoal do departamento em questão deverá tratar de captar esses negócios.
- *Promoção de serviços.* Em geral os hotéis contam com muitos serviços internos, como lavanderia, restaurantes com diferentes níveis de preços, salões especiais, lojas dentro do hotel, e, no caso de redes, outros hotéis do grupo. A divulgação desses serviços está também sob a responsabilidade do departamento de vendas, razão pela qual os hotéis dispõem de uma grande variedade de instrumentos e técnicas de vendas, tais como anúncios, cartões nas mesas, propagandas nos saguões e cartazes nos elevadores.
- Além dessas muitas maneiras de divulgação, os próprios funcionários do hotel são seus melhores promotores de vendas, pois têm contato direto com os hóspedes e podem, se treinados, exercer grande influência sobre estes. O objetivo é fazer de cada funcionário um vendedor.
- *Estratégias para incrementar as vendas.* Com o objetivo de incrementar as vendas, esse departamento promove as boas relações com outras empresas ou pessoas-chave que favorecem ao hotel, mediante concessão de cortesias. São consideradas pessoas-chave determinados agentes de viagem, funcionários de com-

panhias de transportes e diretores de importantes empresas, cujo pessoal viaja com freqüência. Assim o hotel ganha a simpatia dessas companhias potenciais por meio de um bom relacionamento.

Contratação de vendedores. A contratação de vendedor idôneo é um tanto delicada, considerando que um gerente de vendas venderá tanto quanto seus vendedores. As características necessárias ao aspirante a vendedor são: apresentação impecável, ser uma pessoa dinâmica e sociável, escolaridade mínima de nível médio a superior de preferência com um curso técnico em hotelaria. Alguns hotéis exigem ainda licenciatura em turismo com especialização em hotelaria, domínio do idioma inglês e facilidade para se comunicar. A empresa deverá estar consciente de que ao futuro vendedor se deve assegurar um salário condizente com a função e que lhe permita viver de maneira digna, pois ele deve ser criativo, canalizando sua criatividade ao serviço das vendas. Uma vez contratado, deverá passar por um treinamento adequado, tornando-se assim um investimento para a empresa.

Incentivos aos vendedores. Incentivo é sinônimo de estímulo, aquele que o gerente de vendas oferece ao vendedor quando este supera a quota de vendas que lhe foi designada. Para efeito de análise, os incentivos se dividem em:

a) incentivos motivadores, que consistem em férias, comissões ou compensações extras aos vendedores;
b) incentivos tranqüilizadores, que consistem no estabelecimento desde a contratação de salário justo, treinamento adequado e possibilidade de fazer carreira dentro da empresa.

EXERCÍCIOS

A. Responda às seguintes perguntas:

1. Por que se considera o departamento de vendas um dos pilares de um hotel? ____
____
____

2. Quais os produtos que um hotel pode oferecer ao público? ____________

3. Que profissionais integram o departamento de vendas? ____________

4. Basicamente, quais são os dois tipos de atividades que se realizam no departamento de vendas? ____________

5. Cite três atividades de caráter administrativo que se realizam no departamento de vendas. ____________

6. Cite três atividades do departamento de vendas cuja finalidade seja propiciar as vendas. ____________

7. Como se define o setor de vendas? ____________

8. Quantas empresas deve visitar diariamente um representante de vendas? ____________

9. Qual é o fator determinante para um relativo sucesso nas visitas de representantes de vendas a uma empresa? ____________

10. Geralmente quem é a pessoa-chave de determinada empresa para um representante de vendas? ____________

B. Com base nas informações contidas na unidade correspondente e nos dados fictícios que o professor apresentará, elabore uma ficha de registro de uma empresa.

C. Redija três diálogos com as seguintes características e com base nas informações que damos a seguir. Em cada diálogo devem participar dois personagens com um mínimo de cinco intervenções e no máximo seis a cada um:

a) Um representante de vendas da rede de hotéis Princess visita um agente de viagens, com o objetivo de fazer divulgação dessa rede e, em particular, do Hotel Princess de Acapulco, mediante um pacote que está em promoção e que consta de duas noites e três dias no hotel em questão.
b) O engenheiro Jorge Elizalde encontra-se com o gerente de vendas de um hotel, contratando um salão de festas para recepção do casamento de sua filha, que ocorrerá em breve.
c) O representante de vendas de um hotel, depois de haver agendado um encontro previamente com o diretor de uma empresa, oferece-lhe o hotel e seus serviços, para nele comemorar a convenção anual.

D. Por meio dos hotéis e/ou das agências de viagens, junte todo o material possível utilizado pelo representante de vendas de um hotel durante sua entrevista com algum futuro cliente. O material em questão pode incluir: folhetos do hotel, lista de preços, literatura relativa aos serviços e instalações oferecidos, pôsteres etc.

Unidade X

Departamento de Alimentos e Bebidas

É evidente que todos os hotéis modernos têm serviço de alimentos e bebidas. Em alguns hotéis, serve-se somente o café continental, que consiste em café, pão, manteiga e geléia, enquanto outros contam com uma pequena cafeteria ou restaurante. Os grandes hotéis dispõem de vários restaurantes, desde pequenos cafés a restaurantes especializados com a melhor cozinha.

Esse departamento representa uma linha muito importante para o hotel, porque contribui para o aumento da receita; inclusive em alguns hotéis os lucros desse setor ultrapassam ao de alojamentos. Esse aumento considerável é conseqüência do fato de que esses serviços não se limitam aos hóspedes, mas são extensivos a outro tipo de cliente, ou seja, os espaços de funcionamento se utilizam para banquetes, casamentos, bailes e outros eventos.

Em alguns hotéis, os restaurantes atuam por concessão, mas muitos deles operam seus próprios restaurantes. Assim, o gerente do departamento de alimentos e bebidas é um elemento-chave da direção. As instalações envolvidas com esse departamento são as seguintes:

Cozinha. O responsável dessa área é o chefe de cozinha, que é também conhecido pela palavra francesa *chef.* Ele tem sob sua responsabilidade o planejamento dos menus, isto é, o preparo dos alimentos que são servidos em determinado dia, além de supervisionar o trabalho dos outros cozinheiros. Em grandes ou especializados restaurantes, costuma-se chamar o chefe de cozinha de "*chef* executivo", sendo suas responsabilidades tão amplas quanto a de qualquer gerente.

Fig. 19 – O *chef* supervisiona o trabalho de outros cozinheiros.

O *chef* executivo planeja, compra e coordena o funcionamento de vários restaurantes. Para tanto, dispõe de certa quantidade de ajudantes, conforme o tamanho do estabelecimento. Por exemplo, existe um ajudante de chefe para molhos, outro para saladas, outro para verduras e assim sucessivamente. Sob as ordens dos ajudantes de chefe estão os cozinheiros, que preparam os alimentos e os apresentam já prontos em uma travessa para que os garçons os sirvam.

Abaixo dos cozinheiros estão os ajudantes de cozinha, que realizam atividades como descascar batatas, cortar verduras e levar alimentos da despensa para a cozinha. O pessoal da cozinha também inclui os que lavam os pratos, ainda que haja equipamentos elétricos, pois as panelas e as frigideiras geralmente necessitam de atenção especial.

Restaurante. Em um restaurante, assim como na cozinha, existe também uma vasta gama de cargos. Em primeiro está o capitão ou *maître,* que conduz os clientes a seus acentos, anotando posteriormente os pedidos. Os funcionários do sexo feminino que realizam essa atividade são conhecidos como *hostess*. Os garçons servem os alimentos e, em restaurantes menos formais, também anotam o pedido.

Os ajudantes de mesa servem água, põem e limpam as mesas e realizam outras tarefas. Em alguns restaurantes são os garçons que se encarregam disso.

Nos restaurantes de luxo é costume haver também um *Sommelier*, quem toma os pedidos para os vinhos e algumas vezes para outras bebidas alcoólicas. Finalmente, os caixas recebem pagamentos ou contas assinadas pelos hóspedes do hotel. Quando isso acontece, passarão a informação ao escritório de contabilidade o mais rápido possível.

Room service ou serviço de alimentos e bebidas nos quartos. A maioria dos hotéis oferece esse serviço, que pode ser feito por telefone. Costuma-se colocar menus nos quartos, em geral os mesmos dos restaurantes, ainda que, algumas vezes, simplificados visando facilitar a preparação e o atendimento. O hotel dispõe de garçons especiais para receber essas ordens e levá-las aos quartos.

Fig. 20 – O hóspede freqüentemente solicita serviços de *room service*.

O serviço de alimentos e bebidas dos quartos costuma encerrar-se no mesmo horário que os restaurantes, entre 22 horas e meia-noite. Apesar disso, alguns hotéis podem oferecer pratos rápidos mesmo a altas horas da noite. Alguns hotéis de luxo dispõem de pequenas cozinhas ou despensas em cada andar, as quais se utilizam para aquecer alimentos ou preparar um café da manhã. O serviço de quarto é muito requisitado para o café da manhã, mais que para outro tipo de comida. Em alguns hotéis, o hóspede pode requisitar o desjejum antes de dormir, preenchendo um formulário que deixa do lado de fora de sua porta, para ser servido na hora desejada.

Em hotéis com mais de um restaurante, geralmente há uma única cozinha, razão pela qual aquela variedade de alimentos que os restaurantes do hotel oferece é preparada por diferentes chefes e cozinheiros, mas não em cozinhas separadas. O departamento de alimentos e bebidas conta com um espaço adicional para armazenar os diversos artigos que devem estar sempre à mão em bares e restaurantes. Na despensa não são guardados somente alimentos e bebidas, mas também artigos como: toalhas de mesa, pratos, garfos, colheres, cinzeiros etc.

Bar. A maioria dos hotéis também tem um bar onde se servem bebidas. Os atendentes trabalham atrás do balcão, encarregando-se de misturar e servir as bebidas; também há os garçons que servem os clientes nas mesas. Em um bar onde haja muita atividade, um funcionário anota somente os pedidos que são dirigidos aos garçons, enquanto outros se encarregam dos clientes do balcão.

No bar também são oferecidos alimentos, mas estes são mais simples que aqueles servidos no restaurante.

Snackbar. Esta pequena unidade não está conectada geralmente com a cozinha principal do hotel, encarregando-se de suprir os pedidos rápidos dos hóspedes que se encontram nas piscinas do hotel ou em outra instalação recreativa. Essas unidades, em geral, têm seus próprios garçons.

Frigobar. Alguns hotéis dispõem de um serviço de bar em cada quarto, que inclui gelo, bebidas alcoólicas, refrescos e petiscos. Um funcionário supervisiona diariamente os artigos consumidos pelos clientes, incluindo-os em suas contas.

Para facilitar a explicação do funcionamento desse departamento, dividiremos suas atividades em seis fases, as quais ocorrem na seguinte ordem: compras, recepção, armazenamento, distribuição, contratação e serviço.

a) Compras: é responsabilidade do gerente desse departamento o planejamento de alimentos e bebidas, assim como a compra dos muitos artigos necessários para restaurantes e bares.

b) Recebimento: o comprador se encarrega também do recebimento de alimentos e bebidas, verificando se cada artigo possui a qualidade requerida se os artigos estão perfeitos, se os preços destes foram os combinados; depois assinará a fatura e registrará o recebimento dos produtos em uma folha especial.

c) *Armazenamento:* os alimentos necessitam de tratamento especial para sua conservação por serem utilizados por diferentes setores, razão pela qual são armazenados de forma adequada; enquanto alguns artigos requerem armazenamento seco, outros, como os produtos lácteos e carne, requerem refrigeração. Todos esses produtos se encontram sob a supervisão do responsável da despensa, que os armazena adequadamente.

d) *Distribuição:* da despensa se enviam alimentos ou bebidas para as cozinhas ou bares para seu preparo; para isso, o chefe de cozinha ou o chefe do bar devem fazer uma requisição que deve levar sua assinatura ou a de um de seus ajudantes.

e) *Contratação:* o gerente de festas e/ou seus vendedores realizam muitas atividades, tais como escrever cartas, fazer chamadas telefônicas, fazer visitas pessoais etc. O objetivo dessas atividades é captar negócios empregando instrumentos como menus especiais, listas de preços de diversos artigos e fotos dos salões que mostram a disposição de todos os detalhes de uma festa.

Uma vez que o cliente decida data e hora adequadas, acertar-se-ão os detalhes dando todas as informações necessárias: cardápio, preço, disposição das mesas e número de pessoas esperadas. O contrato será assinado pelo cliente em duas vias, conservando uma cópia, e o original será arquivado no hotel.

a) *Serviços:* com base no cardápio se obtém informação relativa ao tipo de serviço e número de pessoas a quem se vai atender, o que possibilita definir a quantidade de garçons necessários. O chefe dos garçons verifica todos os detalhes, incluindo cardápio, vinhos, flores, licores etc. Também atua como anfitrião do hotel ao instalar os hóspedes, procurando ao mesmo tempo oferecer-lhes um bom atendimento, e devendo mostrar-se sempre diplomático e agradável, atitude que trará como conseqüência um incremento no volume de negócios para o restaurante ou o bar.

EXERCÍCIOS

A. Responda:

1. O que pode causar o aumento da receita proveniente de alimentos e bebidas em alguns hotéis? ______

2. Para que tipo de eventos podem ser utilizados os espaços do hotel? ______

3. Como atuam os restaurantes dos hotéis? ______

4. Quais são as instalações envolvidas com o departamento de alimentos e bebidas? ______

5. Quem é o responsável pela cozinha? ______

6. Qual é a função do chefe dos garçons? ______

7. A que se refere o *room service?* ______

8. Quais os serviços que um bar oferece? ______

9. Em que consiste o frigobar? ______

10. As atividades de alimentos e bebidas de um hotel se dividem em seis fases. Quais são elas? ______

B. Com base nos textos dessa unidade e nos dados fictícios que o professor apresentará, preencha os formulários a seguir:

a) Catálogo de fornecedores.
b) Requisição à despensa de alimentos.
c) Requisição ao depósito de bebidas.

el presidente
ZONA ROSA, MEXICO D.F. Hamburgo 135 Mexico 6 D.F.

Fornecedor nº____________ Padrão nº____________

CATÁLOGO DE FORNECEDORES

Nome do estabelecimento

Endereço Telefone

Cidade Vila/Bairro CEP

Nome do gerente Nome do agente

Condições de pagamento

Condições especiais

Registro CGC

Prazo e condições de entrega

el presidente
ZONA ROSA, MEXICO D.F.

REQUISIÇÃO PARA DESPENSA DE ALIMENTOS

Estabelecimento____

Departamento____________________________ Data__________________

Quantidade	Descrição do artigo	Unidade	Preço	Total
			TOTAL	

Solicitado por	Entregue por	Autorizado por	Recebido por

el presidente
ZONA ROSA, MEXICO D.F. Hamburgo 135 Mexico 6 D.F.

REQUISIÇÃO PARA O DEPÓSITO DE BEBIDAS

Estabelecimento Bar	Data

Artigo	Solicitado			Despachado			Valor unitário		Valor total	
	3/4	1/2	Lt.	3/4	1/2	Lt.				
							TOTAL $			

Solicitado por	Entregue por	Recebido por Autorizado por	

C. Com base nas informações contidas nessa unidade e nos dados que o professor apresentará, preencha as notas:

a) Do restaurante Zafiro.
b) De *room service.*
c) Do bar Inglês.

el presidente
ZONA ROSA, MEXICO D.F. Hamburgo 135 Mexico 6 D.F.

RESTAURANT ZAFIRO

Hamburgo 135 **México 6, D. F.**

Para servi-lo

Obrigado por sua visita
Thank you for your visit

Cheque nº ______________________________

Consumo total $ ______________________________

(______________________________)

R. F. C. OPZ-760928-001
CÂMARA DE COMÉRCIO 17621

CED. EMP. 823050

____

el presidente
ZONA ROSA, MEXICO D.F. Hamburgo 135 Mexico 6 D.F.

ROOM SERVICE

Hamburgo 135 **México 6, D. F.**

Para servi-lo

Obrigado por sua visita
Thank you for your visit

Cheque nº ______________________

Consumo total $ ______________________

(______________________)

R. F. C. OPZ-760928-001
CÂMARA DE COMÉRCIO 17621

CED. EMP. 823050

____

el presidente
ZONA ROSA, MEXICO D.F.

BAR INGLÊS

Hamburgo 135 **México 6, D. F.**

Para servi-lo

Obrigado por sua visita

Thank you for your visit

Cheque nº ______________________________

Consumo total $ ______________________________

(______________________________)

R. F. C. OPZ-760928-001
CÂMARA DE COMÉRCIO 17621

CED. EMP. 823050

____

Unidade XI

Departamento de Contabilidade

A contabilidade é um elemento básico em todos os hotéis modernos, e consiste em registrar, resumir ou interpretar as atividades do negócio, suscetíveis de expressar-se em valores monetários.

Um auditor supervisiona o trabalho do departamento de contabilidade, o qual se divide em quatro categorias: entradas, saídas, folha de pagamento dos funcionários e dados estatísticos.

a) Entradas: referem-se ao ativo circulante, seja em documentos ou em dinheiro, por conta dos serviços prestados aos hóspedes do hotel. Ao concluir as operações de cada dia, é necessário um resumo completo do tipo e da quantidade de transações realizadas, departamento por departamento. O auditor se encarrega de realizar esse informe; suas fontes de informação são os relatórios dos caixas dos três turnos, de cada departamento que produza entradas.

b) Saídas: referem-se ao uso do capital. Todas as aquisições feitas pelo hotel deverão ser registradas, validadas e pagas. Nos grandes hotéis há um gerente de compras e todas as aquisições se fazem por sua pessoa. Nos hotéis menores, as compras são feitas pelos chefes de cada departamento, com a autorização do gerente.

c) Pagamentos e salários: esse campo inclui a organização e o pagamento de salários, serviços prestados, comissões etc.

Na indústria hoteleira, os pagamentos normalmente são feitos duas vezes ao mês. O período da folha de pagamento é em geral do dia 1 ao 15 e do 16 ao 30. O encarregado da folha calculará o pagamento bruto para cada funcionário. Será necessário

Fig. 21 – Os grandes hotéis dispõem de um grande número de profissionais de contabilidade.

também calcular e registrar todas as deduções, assim como o valor líquido a ser pago para cada funcionário.

Essa informação deverá constar nos talões de cheques, nos registros de salários individuais e na folha de resumo de pagamentos.

O período mais ativo no escritório de contabilidade é o início de cada mês, uma vez que se encerram os livros nesse período e é preciso preparar os fechamentos dos balanços financeiros. Os três balanços principais são os de Rentabilidade dos Departamentos, Perdas e Ganhos e Balanço Geral.

d) Informes estatísticos: o passo seguinte, depois da preparação dos estudos financeiros, é a reunião dos informes estatísticos. A quantidade de tipos de informes varia de um hotel a outro, mas os mais comuns são: as comparações dos períodos de ocupações, alimentos e bebidas, tanto custos como percentuais.

As comparações dos informes estatísticos, que são as mais importantes para análise e tomada de decisões, apresentam-se a seguir:

1. Os dados do mês com o mês anterior.
2. Os dados acumulados até a data com o mesmo período do ano anterior.

3. Os dados do mês comparados com o mês do ano anterior.
4. Os dados do mês incluindo a última data comparados aos dados estimados. Também se obtêm informações semelhantes para o departamento de alimentos e bebidas.

Um segundo grupo de informes é o que se refere às estatísticas de habitação, alimentos e folha de pagamento de funcionários.

A empresa também solicita a uma outra empresa de contabilidade que se faça uma auditoria a cada seis meses, ou pelo menos uma vez ao ano, pois em alguns aspectos a contabilidade de um hotel difere da contabilidade geral. As informações da auditoria dão segurança e solidez aos estudos financeiros.

Os grandes hotéis que possuem supervisores para alimentos e bebidas costumam mantê-los no próprio hotel onde trabalham, nas mesmas bases que os auditores residentes.

A análise cuidadosa desses resultados e tendências pode sugerir a melhor maneira para que o hotel prospere no futuro. A expansão e a reorganização do hotel não deverão ser planejadas sem a análise das informações contábeis.

A propaganda e a publicidade dos serviços do hotel não deverão ser feitas sem a ajuda de uma agência de publicidade.

A contabilidade é, na atualidade, um dos campos que está crescendo vertiginosamente no mundo dos negócios, devido a sua importância como meio de controle e informação.

Antes a contabilidade era muito simples se comparada à moderna. Esta era feita por um guarda-livros, há quase cem anos, que foi substituído pelo computador que processa os dados. Atualmente, o guarda-livros registra simplesmente os dados nos livros de registro financeiro, mas o contador deve entender o sistema completo de registro, com o objetivo de analisar, interpretar e informar sobre as transações do hotel.

Para explicar rapidamente a diferença, o contador estabelece um sistema de contabilidade e interpreta os dados neles contidos, enquanto o guarda-livros realiza o trabalho de rotina de registrar as cifras nos livros.

Por ser a interpretação de cifras uma das partes mais importantes do trabalho de um contabilista, diz-se que a contabilidade é uma arte.

A contabilidade se divide em três campos: pública, privada e governamental.

A *contabilidade pública* consiste fundamentalmente em realizar auditoria e administrar impostos. Uma auditoria consiste na revisão e avaliação dos registros financeiros por auditores especialistas, que verificam a precisão das entradas e saídas, assim como os procedimentos seguidos pelos contadores que fizeram aquelas operações no livro de registros. A auditoria pode ser feita em intervalos fixos, podendo ser trimestral, semestral ou anual.

Como as leis relativas aos impostos se tornam cada dia mais complexas, não somente as empresas, mas também individualmente, utilizam os serviços de contabilistas para preparar as declarações de impostos e o cálculo destes. As firmas comerciais, incluindo os hotéis, as governamentais e as organizações não-comerciais, utilizam-se dos serviços de contadores públicos em meio-período ou integral.

Um hotel pequeno pode utilizar os serviços de um CTP (Contador Público Titulado), para realizar todas ou parte das funções contábeis. Um hotel de tipo médio pode dispor de uma equipe de contabilistas para desempenhar os serviços contábeis.

A *contabilidade privada* consiste em administrar a contabilidade comercial e de custos; a última está relacionada com a determinação de custo unitário dos serviços que o hotel oferece. O custo unitário deve incluir não somente o preço dos materiais envolvidos no produto, mas outros gastos, tais como mão-de-obra e despesas em geral. Sem os custos por unidade, os departamentos do hotel não podem determinar o preço que deve fixar para produtos ou serviços, a fim de recuperar adequadamente o investimento, mas podem prever uma margem conveniente de lucro. Os contadores privados, mais conhecidos como contadores executivos ou administrativos, são encarregados de orientar os registros financeiros de um negócio.

Os grandes hotéis empregam um número considerável de pessoas em seus escritórios de contabilidade. O chefe da contabilidade de um hotel é o *controler*, cuja responsabilidade é manter os registros das operações do hotel. O *controler* mede a eficiência e o funcionamento do hotel, com base nos dados registrados. Também interpreta os resultados das operações e planeja a política a seguir para o futuro, elabora orçamentos, dita normas e políticas. O posto de chefe da contabilidade é semelhante ao de diretor-geral, o qual está a um passo do diretor executivo do hotel.

Na *contabilidade governamental* muitos contadores trabalham em órgãos governamentais ou em organizações não-comerciais. Essas duas áreas são conhecidas com a denominação de contabilidade governamental e institucional. Elas são semelhantes devido às restrições legais relativas à forma como recebem e dispõem dos fundos, razão pela qual algumas vezes é necessário ter conhecimento de legislação para exercer esse tipo de contabilidade.

Os hotéis ou centros de férias que pertencem ao governo (por exemplo, o centro de férias localizado em Oaxtepec, Mor., México) contam com uma equipe de contabilistas. Esses contadores, como os da indústria privada, são assalariados e tendem a tornar-se especialistas em determinadas áreas, como utilidades públicas etc.

O objetivo dos hotéis ou centros de férias não-comerciais que pertencem ao governo é proporcionar ao público um serviço social.

EXERCÍCIOS

A. Responda as perguntas a seguir:

1. Em que consiste a contabilidade? ______________________________

____

2. Em que categorias se divide o trabalho do departamento de contabilidade?

____

3. A que se referem as entradas? ______________________________

____

4. A que se referem as saídas? ______________________________

____

5. O que inclui o campo de pagamentos e salários? ______________________

____

6. A que se referem os informes estatísticos? ______________________

____

7. Em quantas partes se divide a contabilidade? ____________________________
____
8. O que é a contabilidade pública? ____________________________
____
9. O que é a contabilidade privada? ____________________________
____
10. O que é a contabilidade governamental? ____________________________
____

B. Complete as frases de maneira lógica:

1. Em todos os hotéis modernos, a contabilidade é um elemento ____________
____
2. Um auditor é quem supervisiona o trabalho do departamento de __________
____
3. As entradas se referem ao ativo ____________________________
4. As saídas se referem ao uso do ____________________________
5. As aquisições são feitas por orientação do gerente de ________________
6. O encarregado da folha de pagamento calcula o pagamento bruto para cada
____
7. Depois de preparar os estudos financeiros são reunidos os informes ______
____
8. Antes os procedimentos da contabilidade eram muito simples comparados com os métodos ____________________________
9. A contabilidade pode ser pública, privada e ____________________________
10. O chefe de contabilidade de um hotel é o ____________________________

C. Assinale com X a opção correta:

1. Um hotel solicita a outra empresa que se realize uma auditoria em seus livros...
   ( ) no máximo uma vez ao ano.
   ( ) pelo menos a cada seis meses.
   ( ) pelo menos uma vez ao ano.

2. Hoje em dia o guarda-livros...
   ( ) somente registra os dados nos livros para registros financeiros.
   ( ) realiza a auditoria e administra os impostos.
   ( ) estabelece um sistema de contabilidade e interpreta os dados.

3. Hoje em dia o contador...
   ( ) estabelece o registro dos dados nos livros e interpreta o sistema nele contido.
   ( ) estabelece um sistema de contabilidade e interpreta os dados nele contidos.
   ( ) somente registra os dados nos livros para registros financeiros nele contidos.

4. Antes os procedimentos contábeis...
   ( ) se realizavam em computadores nos quais se processavam os dados.
   ( ) consistiam fundamentalmente em realizar auditoria e administrar os impostos.
   ( ) efetuavam-se a intervalos fixos de tempo, podendo ser trimestral, semestral ou anual.

5. As firmas comerciais incluindo os hotéis...
   ( ) utilizam os serviços de contadores públicos.
   ( ) empregam somente os contadores privados.
   ( ) administram somente a contabilidade de custos.

6. A contabilidade pública...
   ( ) realiza auditorias e administra os impostos.
   ( ) administra a contabilidade comercial e custos.
   ( ) requer restrições para exercê-la.

7. Um hotel de pequeno porte...
   ( ) não realiza nenhuma função contábil.
   ( ) pode solicitar os serviços de um CPT.
   ( ) dispõe de uma equipe de contabilidade.

8. A contabilidade privada...
   ( ) se divide principalmente em três campos.
   ( ) revisa e avalia os registros financeiros.
   ( ) administra a contabilidade comercial e os custos.

9. A contabilidade governamental...
   ( ) algumas vezes requer que os contadores que a exercem tenham conhecimentos de legislação.
   ( ) atua nos escritórios comerciais dependentes do governo.
   ( ) se divide em três campos que revisam e avaliam os registros financeiros.

10. Um centro de férias não-comercial subordinado ao governo...
    ( ) funciona sempre com fins lucrativos.
    ( ) oferece ao público um serviço social.
    ( ) é totalmente gratuito aos usuários.

D. Baseando-se no tema dessa unidade (cuja informação poderá ser ampliada consultando-se a bibliografia adicional que seu professor poderá sugerir) e nas especificações e delimitações que seu professor indique, faça um trabalho escrito.

E. Com base na informação contida na unidade e nos dados fictícios que seu professor fornecerá, preencha a relação de gorjetas a seguir:

el presidente
ZONA ROSA, MEXICO D.F. Hamburgo 135 Mexico 6 D.F.

____
Estabelecimento

FOLHA DE GORJETAS

Departamento __________________ **Data** ____________ **Caixa** ____________

Nº cheque	Nº da conta ou cartão de crédito	Valor da gorjeta	Nº do garçom	Nome e assinatura do garçom
Total				

Assinatura do caixa
____

Unidade XII

Departamento Pessoal

Um hotel grande e moderno é uma organização extremamente complexa, que pode oferecer ao público serviços variados, ou seja, não somente quartos, mas vários restaurantes e cafés, nos quais se pode encontrar diferentes tipos de alimentos e preços variados. Possui também bares, lojas, centros noturnos, piscinas e balneários de águas termais, salões para convenções e conferências, auditórios, salões de festas etc.

Em virtude disso, pode-se considerar um hotel dessa natureza uma pequena cidade dentro de seus muros. Devido a sua complexidade, não se pode falar de uma só especialidade na indústria hoteleira, mas que existe uma variedade de especialidades, como se poderá observar nos organogramas apresentados nas páginas seguintes.

Se se observar o organismo, é possível notar que na indústria hoteleira um dos fatores mais importantes é o elemento humano, razão pela qual nos grandes hotéis é indispensável a existência de um departamento pessoal que se ocupe das relações entre empresa e empregados.

Inicialmente cabe mencionar que esse departamento é responsável por providenciar recursos humanos suficientes para todos os cargos vagos. A obtenção de pessoal idôneo se faz por meio de um processo que consta de cinco fases: recrutamento, requerimento, entrevista prévia, seleção e contratação.

Recrutamento. É a ação de atrair futuros funcionários mediante anúncios na imprensa e em outros meios de divulgação.

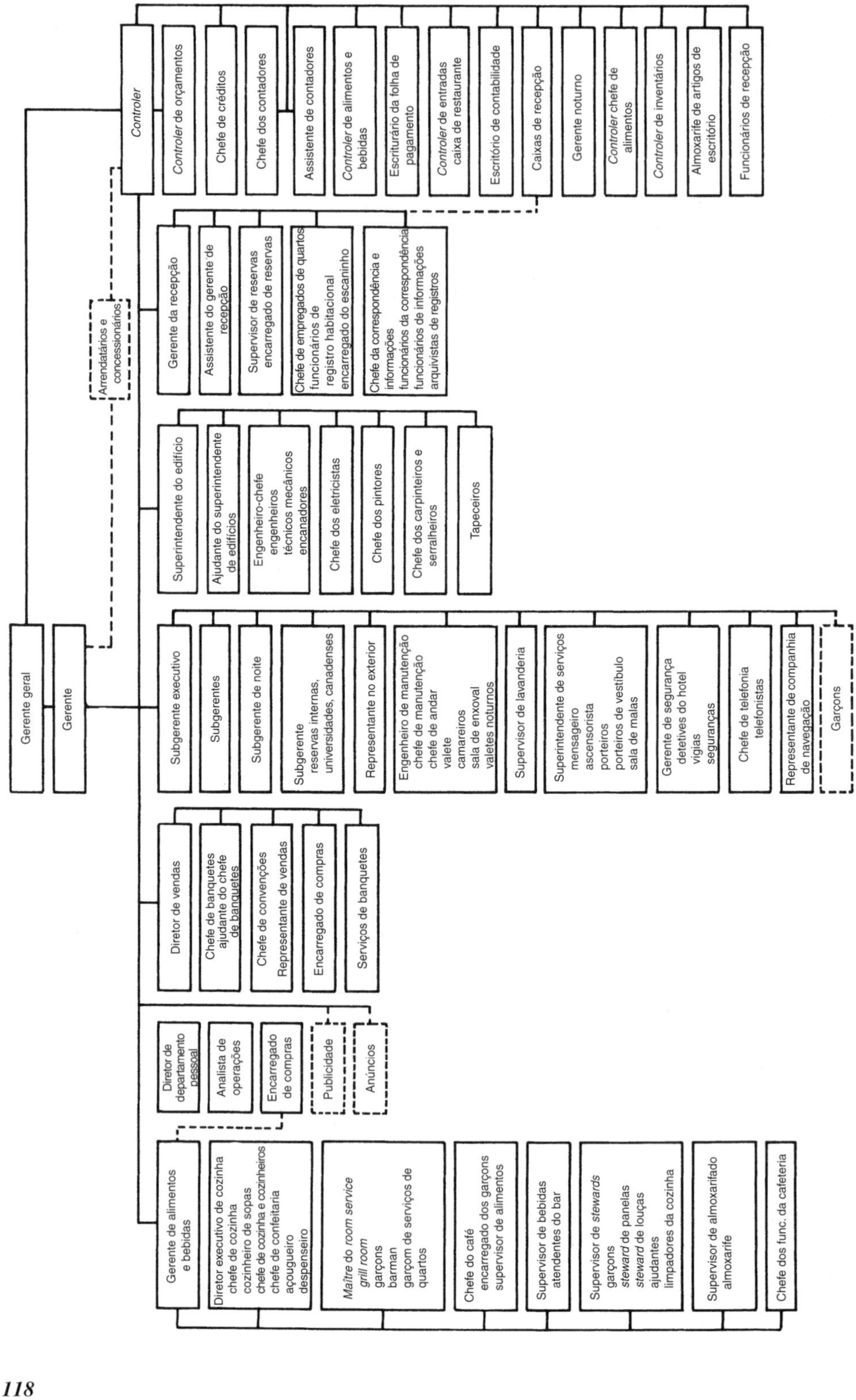

Fig. 22.A – Organograma de um hotel de grande porte.
——— = autoridade; - - - = cooperadores.

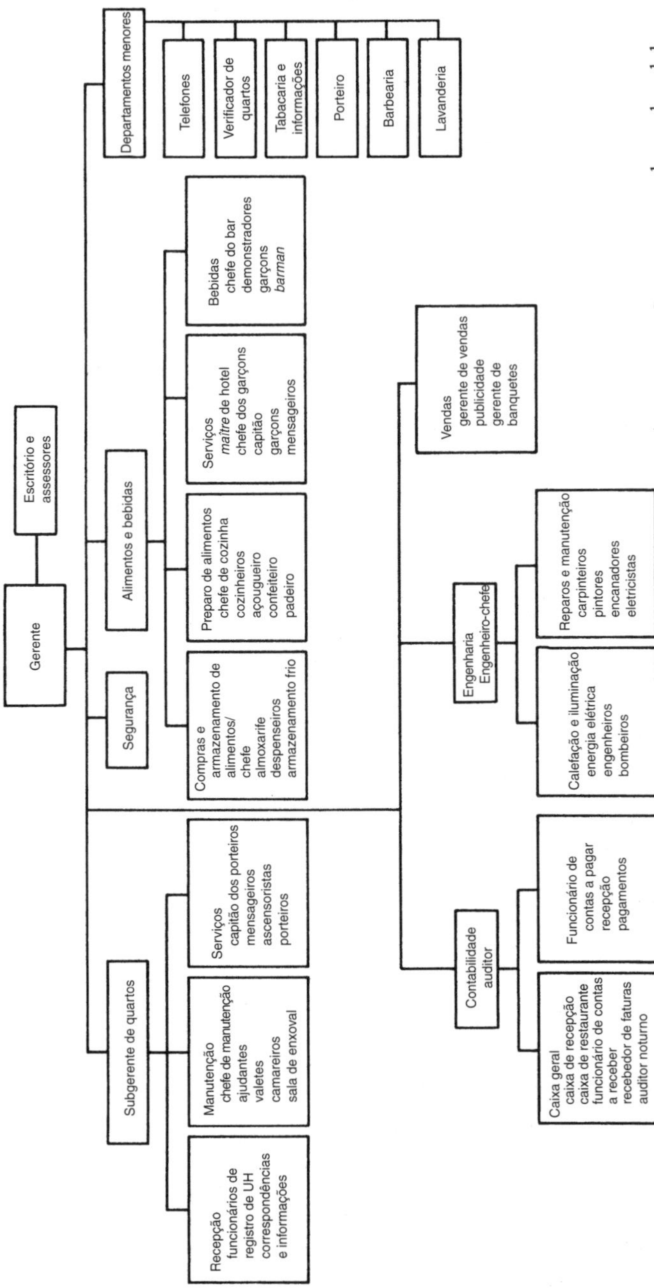

Fig. 22.B – Organograma de um hotel de porte médio.

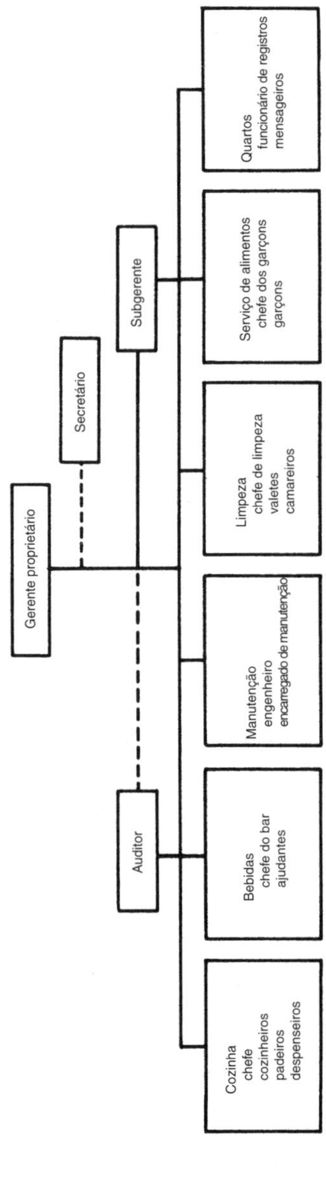

Fig. 22.C – Organograma de um hotel de pequeno porte.

Requerimento. Uma vez que o candidato entre em contato com o departamento pessoal, deverá preencher uma ficha de solicitação de emprego no hotel, incluindo, além dos dados pessoais, escolaridade, experiências anteriores e nomes de pessoas que possam testificar a veracidade dos dados e também a honestidade do candidato.

Entrevista prévia. O chefe do pessoal tem amplos conhecimentos sobre as entrevistas com os candidatos e obviamente sobre os requisitos para o cargo solicitado, motivo pelo qual, além de aplicar um teste ao candidato, o chefe do pessoal o interroga a fim de obter todos os elementos para poder emitir sua opinião.

Os testes são instrumentos provados experimentalmente, que exploram diversas características da personalidade. Podem ser aplicados testes de inteligência, habilidades, atitudes etc. Há uma grande variedade deles, havendo necessidade de uma criteriosa escolha, porque muitos são padronizados e não correspondem às características socioculturais de nosso país.

Seleção. Quando o chefe do pessoal reúne os elementos necessários, procede a selecionar pessoas idôneas, selecionando as mais competentes, estáveis e que possam prestar serviços por bom tempo.

Contratação. Durante esta última fase, o chefe do pessoal procede a elaboração do contrato de trabalho de acordo com as leis trabalhistas em vigor. O passo seguinte será submeter o novo funcionário a um exame médico. O funcionário iniciará expediente assim que estejam acertados os seguintes documentos:

a) cópia de contrato de trabalho;
b) atestado de saúde;
c) resultados das provas de habilidade e inteligência;
d) formulário de inscrição na Previdência Social.

Os grande hotéis dedicam muito tempo e esforço para produzir idéias com o objetivo de melhorar a produtividade. Sem dúvida, o maior potencial encontra-se nos funcionários e,

Comunicados originais

INSTITUTO MEXICANO DE PREVIDÊNCIA SOCIAL
DEPARTAMENTO DE FILIAÇÃO

Comunicado de inscrição do trabalhador

1. Número da carteira profissional

2. Número de inscrição do trabalhador

3. Nome completo do trabalhador

Sobrenome paterno — Sobrenome materno — Nome

11. Data e hora de recebimento deste comunicado no Instituto

4. Nome do empregador ou razão social

5. Endereço profissional

Rua — Nº — Bairro — CEP

Cidade

6. Cargo ou função

7. Data de ingresso ao trabalho

Dia — Mês — Ano

9. Salário-base estimado

Pagamento diário $ ____________

Salário diário integrado (conforme Art. 32 da Lei) $ ____________

Total estimado

NOTA: No artigo 32 da lei se encontra: "O salário-base estimado se integra com os pagamentos feitos em dinheiro por pagamento diário, e as gratificações, auxílio-alimentação, habitação, comissões, recebimento em espécie ou qualquer outra forma de pagamento ao trabalhador por seu serviço não se levarão em conta, dada sua natureza, os seguintes itens: a) os instrumentos de trabalho tais como: ferramentas, roupas e similares; b) a poupança depositada semanal ou mensalmente pelo funcionário e pela empresa e os depósitos feitos pelo empregador para fins sociais ou sindicais; c) as contribuições ao Instituto de Fundo Nacional de Habitação para os trabalhadores e as participações em lucros da empresa; d) os alimentos ou habitação quando não são gratuitos ao trabalhador, bem como as refeições; e) os pagamentos por licenças e f) as horas extras, salvo as horas que já estejam incluídas no horário estabelecido de trabalho.

8. Assinatura do empregador ou seu representante

10. Assinatura do trabalhador

---

12. Sexo — Masculino ☐ — Feminino ☐

13. Data de nascimento

Dia — Mês — Ano

14. Naturalidade

Município — País

15. Estado civil

Solteiro ☐ — União livre ☐
Casado civilmente ☐ — Divorciado ☐
Viúvo ☐

17. Domicílio
Rua e número ____________
Bairro ____________
Município ____________ CEP

18. Nome dos pais (mesmo falecidos)

Pai

Mãe

16. Dependentes

Esposa ou concubina e filhos menores de 18 anos

Sobrenome paterno, materno e nome	Sexo	Parentesco	Data de nascimento	
			Ano	Mês

NOTA: Para receber o que outorga a Lei, deverão atestar sua relação de parentesco com o assegurado perante o Instituto.

Fig. 23 – A cópia do formulário de inscrição ao INSS é um dos documentos que integram o prontuário de um funcionário (lado A e B).

visando desenvolver pessoal competente, os hotéis optaram por proporcionar-lhes um treinamento adequado. O diretor de departamento pessoal não pode encarregar-se de toda a preparação, razão pela qual os supervisores, executivos e chefes de departamentos assumem essa responsabilidade. As instruções são dadas por todos os níveis, ou seja, para o funcionário não-especializado, semi-especializado e especializado. Os carpinteiros e tapeceiros encarregados pela manutenção, os encanadores e eletricistas pela engenharia e os jardineiros pelas áreas verdes são funcionários geralmente classificados como pessoal especializado.

Todos eles requerem ações especiais combinadas com treinamento adequado. O pessoal semi-especializado, que inclui garçons e camareiros, necessita de treinamento adequado para realizar sua tarefa satisfatoriamente. O grupo de pessoal não-especializado é composto por ajudantes de cozinha e lavadores de pratos. A maior parte do pessoal de hotel está na categoria semi-especializados.

O departamento pessoal de um hotel deverá cobrir todos esses postos, e esse fato tem sido um atrativo para introduzir o turismo nos países desenvolvidos, uma vez que mesmo os postos semi-especializados e os não-especializados requerem um treinamento relativo aos procedimentos de um hotel e em particular para o qual trabalham.

Outra das responsabilidades do departamento pessoal de um hotel é verificar os salários, assegurando-se de que são competitivos em determinada localidade. Também faz gráficos das trajetórias de acesso a outros cargos e atualiza constantemente todo tipo de registro pessoal, como, por exemplo, os estudos realizados, permissões solicitadas, férias etc.

EXERCÍCIOS

A. Responda as seguintes perguntas:

1. Descreva em poucas palavras os serviços que um hotel de grande porte e moderno pode oferecer ao público. ______________________________
____
____

2. Qual é a principal responsabilidade do departamento pessoal de um hotel?
____
____

3. Quais são as cinco fases envolvidas na obtenção de pessoal idôneo para um hotel? ____
____
____

4. O que é o recrutamento? ____
____
____

5. Quais os dados que contém uma solicitação de emprego? ______________
____
____

6. Qual o objetivo da entrevista prévia? ______________________________
____
____

7. Para que servem os testes? ______________________________________
____
____

8. Quais os critérios que o chefe de pessoal usa para selecionar os candidatos?
____
____

9. O que envolve a contratação de pessoal? __________________________
____
____

10. Quais os documentos que devem ser exigidos para se iniciar o trabalho?
____
____

B. Com base na informação contida nessa unidade e nos dados que o professor apresentará, preencha o formulário de controle de pessoal que aparece a seguir.

C. Com base na informação contida nessa unidade e na orientação do professor, redija uma solicitação de emprego para trabalhar em um hotel.

D. Visite um hotel grande e moderno de sua cidade e realize um trabalho escrito, descrevendo seu departamento pessoal. Essa descrição poderá incluir um organograma. Siga as informações que o professor indicará. Poderá ser um trabalho em grupo.

el presidente
ZONA ROSA, MEXICO D.F. Hamburgo 135 Mexico 6 D.F.

FORMULÁRIO DE CONTROLE DE PESSOAL

Nome do trabalhador

○ Alta | ○ Reingresso | Nº de filiação | Ano

Baixa | Baixa | Estabelecimento

Salário | Posto

Departamentos

Observações____

Ano	Salário	Alimentos	13º salário	Licença-prêmio	Comissões	Salário bruto	Grupo	Data do reajuste

Ano	1º Bimestre	2º Bimestre	3º Bimestre	4º Bimestre	5º Bimestre	6º Bimestre

Unidade XIII

DEPARTAMENTO DE SEGURANÇA

Integração. O departamento em questão é formado por um oficial de segurança e um corpo de agentes de segurança que está subordinado a ele, cujo número varia conforme o tamanho do hotel.

Características. Os seguranças são em geral pessoas que receberam treinamento especial, sendo na maioria das vezes provenientes da polícia. É necessário que conheçam todas a leis estaduais e municipais relacionadas aos hotéis, devendo cooperar com as autoridades policiais. Além disso, é necessário ter temperamento equilibrado, uma mente atenta e um alto nível de ética profissional, pois em certas ocasiões terão de recusar subornos, presentes e favores que lhes ofereçam.

Funções. Enumeraremos, a seguir, algumas das atividades fundamentais que realizam os agentes de segurança.

Vigilância. Implica dupla responsabilidade para o oficial de segurança, pois terá de oferecer proteção contra qualquer dano, tanto para os hóspedes quanto para o hotel, pois estes são alvo vulnerável para os ladrões e outras pessoas indesejáveis. A vigilância visa:

a) Evitar roubos nos quartos: considerando-se que um dos problemas mais graves é o fato de que os hóspedes deixam as portas de seus quartos abertas ou esquecem as chaves na fechadura do lado de fora, permitindo que pessoas estranhas entrem.

b) Evitar roubos nos estacionamentos: considerando que estes são os locais preferidos pelos ladrões.

Fig. 24 – Os agentes de segurança supervisionam a entrada de pessoas durante os eventos e a ordem destes.

Para evitar roubos, o oficial de segurança deverá assegurar-se de que os agentes circulem pelos estacionamentos e pelos quartos, observando se há pessoas estranhas no hotel.

c) *Prevenir incêndios:* constituem-se em um dos perigos mais temidos nos hotéis. Apesar de os hotéis modernos serem construídos à prova de incêndios, o perigo sempre está presente, sendo algumas vezes os próprios hóspedes os causadores, quando decidem fumar nas camas ou beber em demasia e deixam cair fósforos ou cigarros no carpete. Esta é uma das razões pela qual o departamento de segurança deve estar sempre alerta para descobrir qualquer indicação que possa produzir um incêndio.

d) *Detectar hóspedes não registrados:* a presença ilegal de pessoas nos quartos é uma situação que exige manejo, o agente deverá mostrar-se firme e, se necessário, retirar os indivíduos que não sejam hóspedes do hotel.

e) *Hóspedes escandalosos:* o hotel é uma instituição que, entre outros serviços, oferece a seus clientes a possibilidade de descansar. Apesar disso, é comum acontecer de algum hóspede romper o silêncio do hotel, e é este o momento certo para a intervenção do departamento de segurança, solicitando a esses indivíduos, por meio do departamento de recepção, que se comportem adequadamente. Esse procedimento requer muita sutileza, procurando sempre convencer o hóspede com argumentos razoáveis. É necessário evitar, pois, chegar a extremos, mas, se não for possível, deve-se chamar a polícia para que intervenha, solucionando o caso.

f) *Observar o comportamento do pessoal do hotel:* de acordo com a política do hotel, todo funcionário que nele trabalhe deverá manter postura moral, sentido de responsabilidade e honradez.

Apesar disso, pode acontecer de algum funcionário desobedecer às normas morais, cometendo atos reprováveis dentro do hotel, ou roubo a empresa, hóspedes ou pessoal. Nesse caso, o agente de segurança deverá redigir um relatório detalhado à gerência e, em caso de roubo, apreender os objetos roubados e entregá-los à autoridade competente.

g) *Controlar a ordem nos eventos do hotel*: não se pode esquecer de que os eventos que se realizam nos salões dos hotéis, tais como casamentos, recepções, coquetéis etc., atraem muitas pessoas, por isso, nessas ocasiões, solicita-se a presença de agentes de segurança com o objetivo de controlar a entrada ao evento e a ordem deste.

Controle de armários do pessoal. Todo funcionário, ao ser contratado, deverá estar consciente de que o departamento de segurança, com o departamento pessoal, disporá de uma cópia da chave do armário, caso ocorra a perda desta.

Da mesma maneira será responsabilidade do departamento de segurança uma revisão periódica desses armários para evitar que alguém guarde nele objetos que pertençam ao hotel. Nesse caso, o agente de segurança devolverá os objetos ao departamento correspondente e dirigirá um relatório à autoridade competente.

Relógio de ponto. O hotel costuma ter uma porta lateral ou nos fundos, pela qual entram e saem os funcionários. Nesse lugar se encontra o relógio de ponto, no qual estes deverão bater diariamente seus cartões. Ali mesmo é comum haver um agente de segurança que deve observar se é realmente o funcionário titular do cartão quem está marcando o ponto. Com esse controle é possível observar a pontualidade e a freqüência do pessoal.

Também pode ocorrer de algum funcionário desejar levar algum objeto que comprou ou que algum hóspede lhe ofereceu. Nesse caso deverá ser exigido um visto de saída, autorizado por assinatura da autoridade competente.

Esclarecendo, o relógio de ponto nem sempre é de responsabilidade do departamento de segurança, mas sim do departamento de contabilidade ou pessoal.

Evitar que os hóspedes saiam sem pagar. Não faltam aos hotéis hóspedes de má-fé que procuram sair sem pagar a hospedagem. Portanto, os agentes de segurança devem estar atentos a esse tipo de ocorrência assim como o caixa, a governanta e os mensageiros, devendo investigar qualquer atitude suspeita dos hóspedes.

Ao término de cada turno, os agentes de segurança deverão oferecer um informe ao oficial de segurança, o qual deverá incluir em detalhes tudo o que ocorreu durante o turno. Tam-

Fig. 25 – Checar o relógio de ponto é uma das responsabilidades da segurança.

bém o departamento em questão deverá ter arquivados todos os documentos utilizados, para quaisquer futuros esclarecimentos.

As atividades previamente mencionadas garantem a segurança do hotel e dos hóspedes.

EXERCÍCIOS

A. Responda as seguintes perguntas:

1. Como é composto o departamento de segurança? ____________________
____
____

2. Quais são as características de um oficial de segurança? ____________
____
____

3. Quais são as funções de um agente de segurança? ______________
____
____

4. Qual é a finalidade de se exercer a vigilância do hotel? ____________
____
____

5. Como o agente de segurança controla os armários dos funcionários? ______
____
____

6. Onde está colocado o relógio de ponto? ____________________
____
____

7. Por que são checados os cartões de ponto? ___________________
____
____

8. Como o agente de segurança pode evitar que um hóspede saia sem pagar a conta? _______________________________________
____

9. O que deve conter o relatório do agente de segurança? ____________
____

10. A quem o agente de segurança deverá dirigir o relatório? ____________
____

B. Com base nas informações contidas nessa unidade, faça um formulário de permissão de saída.

C. Redija três diálogos com as informações que damos a seguir. Diálogo com dois personagens com mínimo de cinco intervenções e máximo de seis para cada pessoa.

a) Um agente de segurança surpreende no caixa de recepção um indivíduo que se faz passar por hóspede do hotel, de quem roubou um cheque de viagem e tenta descontá-lo.
b) Um agente de segurança detém um ladrão que levou de um quarto do hotel uma maleta com dinheiro e jóias e o encaminha ao chefe de segurança. O ladrão nega haver tirado qualquer coisa do quarto, mas ao abrir a maleta na presença do chefe de segurança é desmascarado e tenta subornar o chefe de segurança.
c) Um agente de segurança detecta princípio de incêndio em um quarto, ao notar que saía fumaça por debaixo da porta, e pede ao camareiro que o abra, mesmo havendo na porta um aviso de "não perturbe". Ao entrar no quarto encontra o hóspede dormindo em estado de embriaguez, e que havia deixado cair um cigarro aceso no tapete.

D. Sempre haverá alguém que tentará sair sem pagar a hospedagem. O agente de segurança evita que isso aconteça, coordenando sua vigilância com o caixa, a recepção e o pessoal da portaria. Para controlar essa situação será expedida uma ordem de saída como a que segue. Com dados fictícios, preencha a ordem do dia.

ORDEM DE SAÍDA

Nome do hóspede ....

Nº do quarto ....

Nº da conta ....

Data .... **Horário** ....

O hóspede, cujo nome e quarto aparecem na parte superior, liquidou sua fatura, portanto pode abandonar o hotel.

Caixa ....

Zeladoria	Porteiro	Recepção

Respostas dos Exercícios

UNIDADE I – HISTÓRICO DA INDÚSTRIA HOTELEIRA

A.

1. Aos povos antigos.
2. Nas terras que rodeavam o Mediterrâneo.
3. Latinos e etruscos.
4. Por razões de comércio, conquista ou religiosas.
5. Por haver sido um dos mais destacados da Antiguidade.
6. Com a palavra deslocamento.
7. No século IV a.C.
8. O imperador Apio Claudio.
9. Alojavam-se em casas particulares e templos pagãos nas cidades e em acampamentos fora delas.
10. As atividades prósperas fenícias no Mediterrâneo.

B. Resposta livre.

C.

1. c	6. j
2. b	7. i
3. l	8. d
4. e	9. h
5. k	10. g

D.

1. c) Se tratasse bem o peregrino e lhe desse hospedagem.
2. a) A política, justificada pela propagação da fé muçulmana.
3. c) Iniciam-se as Cruzadas para resgatar os lugares santos ocupados pelos turcos.

4. b) Os lugares santos estavam em poder dos muçulmanos abásidas, que expandiram essa nova fé.
5. a) Alojavam enfermos e anciãos.
6. a) Os primeiros estabelecimentos para alojamento.
7. c) Situadas dentro das cidades.
8. b) Localizavam-se nas entradas.
9. c) As rotas comerciais da Ásia onde as caravanas podiam encontrar alimentos, bebidas e alojamentos.
10. b) Muçulmanos que vão em peregrinação a Meca.

UNIDADE II – INDÚSTRIA HOTELEIRA

A.

1. No século XIX.
2. O avanço nas vias de comunicação foi o que facilitou o transporte de massa de passageiros.
3. Perto das estações ferroviárias e nas zonas costeiras.
4. Porque foi ele quem iniciou a organização de excursões, incluindo alojamento e transporte.
5. Em 1845.
6. Com o objetivo de agrupar várias prestações de serviços, tais como a hospedagem.
7. Contribuiu com suas técnicas e experiências.
8. Em 1950.
9. Porque a capacidade de passageiros aumentou.
10. De 400 passageiros aproximadamente.

B.

1. Mar.
2. Norte-americanos.
3. Profissão
4. Internacional.
5. Hoteleira.
6. Suíça.
7. Adeptos.
8. Hotéis.
9. Gorjetas.
10. Turismo.

C.

1. Inspirou Júlio Verne em sua obra *A volta ao mundo em 80 dias.*
2. Contribuiu com suas técnicas e experiências para o desenvolvimento da indústria hoteleira.
3. Propiciou o rápido crescimento da indústria hoteleira.
4. Está estreitamente relacionada com a indústria hoteleira.
5. É considerado o "Adão e Eva" da indústria hoteleira.
6. É um importante centro de férias dos Estados Unidos.
7. Repercutiu no desenvolvimento da indústria hoteleira.
8. Na Suíça.
9. Empregar os alunos vindos das escolas de turismo.
10. Gorjetas.

D. Resposta livre.

UNIDADE III – ESTABELECIMENTOS PARA ALOJAMENTO

A.

1. Porque, além dos hotéis, existe uma grande variedade de estabelecimentos de alojamento.
2. Hotel é uma instituição de caráter público, que oferece ao viajante alojamento, alimentação e bebidas, bem como entretenimento, e que opera com a finalidade de obter lucro.
3. Baseiam-se nos alimentos que se oferecem ao hóspede com o alojamento.
4. Em alojamento sem alimentos.
5. Em alojamento com café da manhã simples que consiste em café, pão, manteiga e geléia.
6. Em alojamento com café da manhã e almoço ou jantar (meia-pensão).
7. Em alojamento e três refeições.
8. Dimensão, tipo de clientela, qualidade dos serviços, localização ou relação com outros serviços, atuação, organização, proximidade a terminais de companhias de transportes.
9. Existem quatro.
10. O turista moderno dispõe de cômodos hotéis com todas as instalações necessárias, meios de transporte adequados etc., enquanto na Idade Média os estabelecimentos de alojamento e o transporte eram primitivos.

B.

1. Grande.
2. Em férias.
3. De luxo.
4. Hotel-cassino.
5. Permanente.
6. Funcionamento em rede ou cadeia.
7. Terminais terrestres em rodovias, terminais aéreos, terminais marítimos, fluviais ou lacustres.

C.

1. Preparados para receber turistas de maneira decente.
2. Três estrelas.
3. De turista superior.
4. De luxo.
5. Quatro estrelas.
6. Turista.
7. Luxo.
8. Oferece serviços de hospedagem somente em quartos amplos, com banheiro privado.
9. De primeira.
10. Nas ruas mais importantes e centrais da cidade ou retirados do centro, mas com bom acesso.

D. Resposta livre.

UNIDADE IV – DEPARTAMENTO DE RECEPÇÃO

A.

1. Porque é o que une os hóspedes no hotel.
2. No *lobby* do hotel.
3. Além de permitir o acesso aos quartos dos hóspedes, restaurantes, bares, lojas e outras instalações do hotel, é utilizado como sala de espera, salão de leitura ou para escrever.
4. Em quatro seções.
5. Ocupa-se do registro dos hóspedes.
6. Localiza-se o escaninho onde os hóspedes retiram suas chaves, correspondências e recados.

7. Há a mesa de informação à disposição do hóspede.
8. Localiza-se a caixa da recepção.
9. No *lobby*, mas separada da recepção para não interferir em suas atividades.
10. Registra os hóspedes que chegam e indica seus aposentos.

B. Resposta livre.

C. Resposta livre.

D. Resposta livre.

UNIDADE V
CPTC (CENTRAL PRIVADA DE COMUTAÇÃO TELEFÔNICA) – PABX

A.

1. É um painel de comando telefônico que contém troncos e extensões, através do qual se realizam as chamadas internas ou externas.
2. Existem dois, o manual e o automático.
3. O manual requer a intervenção de um operador que estabeleça comunicação, seja interna ou externa.
4. No sistema automático, os hóspedes podem realizar suas chamadas internas ou externas, manipulando eles mesmos o aparelho de sua extensão.
5. O *rack* é utilizado para colocar as fichas que contêm os nomes dos hóspedes registrados no hotel.
6. Próximo ao departamento de recepção.
7. Possuir uma voz agradável, de bom timbre, domínio do idioma inglês, destreza manual e cultura geral.
8. Estabelecer chamadas locais e interurbanas, despertar os hóspedes quando estes solicitarem, anotar recados, localizar hóspedes etc.
9. Supervisionar as telefonistas, verificar e relatar aos departamentos de contabilidade e pessoal a freqüência das operadoras, horas extras trabalhadas, faltas, licenças concedidas etc.
10. Consiste em uma luz que acende simultaneamente no quarto e no PABX quando a operadora aperta um botão, para avisar ao hóspede que há um recado.

B. Resposta livre.

C. Resposta livre.

D.

1. i	6. j
2. f	7. c
3. a	8. e
4. g	9. l
5. b	10. h

UNIDADE VI – DEPARTAMENTO DE GOVERNANÇA

A.

1. Repercutirá no bom conceito que se forme do hotel.
2. As supervisoras, a encarregada da rouparia, o chefe dos camareiros, o chefe da lavanderia.
3. Utiliza artigos tais como roupa branca, artigos de banho, produtos de papel, cinzeiros, caixinhas de fósforos, menus de *room service* etc.
4. a) É responsável pela limpeza do hotel em geral.
   b) Controla o provimento de roupa branca e artigos de limpeza.
   c) Tem sob seu controle as chaves-mestras do hotel.
5. Encarregam-se de supervisionar o trabalho que realizam as camareiras.
6. De 10 a 20.
7. a) Fazer e trocar as camas.
   b) Tirar o pó dos móveis.
   c) Passar aspirador no carpete.
8. Supervisionar os camareiros.
9. Próximo ao escritório da governanta.
10. Controlar enxoval e uniforme do pessoal, entregues e recebidos pelas camareiras, pessoal da lavanderia e pessoal dos restaurantes e bares.

B.

1. R	6. G
2. L	7. G
3. G	8. S
4. S	9. C
5. C	10. L

C. Resposta livre.

D. Resposta livre.

UNIDADE VII – DEPARTAMENTO DE ENGENHARIA

A.

1. Preocupa-se em evitar os danos e se responsabiliza pela equipe mecânica.
2. É um engenheiro mecânico eletricista.
3. Deverá ter uma ampla experiência e, como é óbvio, dinamismo no trabalho que realize nesse departamento.
4. Ventilação e ar-condicionado, calefação, refrigeração, eletricidade, encanamentos, manutenção e reparos em geral.
5. Porque a estadia no hotel seria extremamente incômoda.
6. São à base de vapor e água quente.
7. Caso contrário os artigos armazenados se perderiam, resultando em gastos consideráveis para o hotel.
8. Porque se faltasse seria o caos no hotel, pois além da iluminação, muitos aparelhos funcionam com energia elétrica.
9. Trocar as partes desgastadas das torneiras, desentupir peças sanitárias, pias ou banheiras quando entupidas.
10. Não pode produzir lucros.

B.

1. Manutenção.
2. Mecânico.
3. Eletricista.
4. Especializados.
5. Hóspedes.
6. Complicado.
7. Lucros.
8. Fora.
9. Campos.
10. Reparos gerais.

C.

1. F	6. F
2. F	7. V
3. V	8. V
4. V	9. F
5. F	10. F

D. Resposta livre.

UNIDADE VIII – DEPARTAMENTO DE MANUTENÇÃO E REDECORAÇÃO

A.

1. Conservar a limpeza pesada de paredes e tapetes e carpetes, assim como a redecoração dos quartos.
2. Cada ano.
3. Os marceneiros e os tapeceiros.
4. Com o chefe de áreas verdes.
5. Com a governanta.
6. Projeta prados e jardins.
7. Está a cargo do aspecto interior do hotel.
8. Um ou dois quartos.
9. Cada cinco ou seis anos.
10. Conservar o hotel e o equipamento em ótimas condições, projetar uma boa imagem, evitar queixas de hóspedes descontentes.

B. Resposta livre.

C.

1. Manutenção.
2. Interiores.
3. Normais.
4. Mobiliário.
5. Verdes.
6. Chefe de áreas verdes.
7. Governanta.
8. Jardins.
9. Hotel.
10. Descontentes.

D. Resposta livre.

UNIDADE IX – DEPARTAMENTO DE VENDAS

A.

1. Porque a sobrevivência do hotel depende da venda de serviços ao público.
2. Alojamento, alimentação e bebidas.
3. Um gerente de vendas e um corpo de vendedores.
4. Atividades:
   a) de caráter administrativo.
   b) para propiciar as vendas.
5. a) Fixar a quota de venda de cada vendedor.
   b) Criar pacotes ou tarifas especiais para efeitos promocionais.
   c) Supervisionar a correta apresentação do pessoal de vendas.

6. a) Visitar pessoalmente de forma sistemática os clientes potenciais e pessoal-chave das empresas, a fim de promover a venda de alojamentos, refeições e bebidas do hotel.
   b) Buscar novos mercados potenciais.
   c) Investigar em detalhe tudo o que se refere a convenções que a concorrência já efetua, para oferecer futuramente seus serviços para novos clientes.
7. É a área geográfica designada ao vendedor.
8. Não menos de cinco nem mais de dez.
9. O fato de dirigir-se à pessoa certa e também o preparo da visita.
10. O diretor da empresa e em alguns casos o diretor de relações públicas ou o diretor de relações industriais.

B. Resposta livre.

C. Resposta livre.

D. Resposta livre.

UNIDADE X – DEPARTAMENTO DE ALIMENTOS E BEBIDAS

A.

1. Uma vez que o serviço de alimento e bebidas não se limita aos hóspedes, mas é extensivo a outro tipo de clientela.
2. Banquetes, casamentos, bailes, convenções etc.
3. Alguns atuam na base de concessão e outros pelos próprios hotéis.
4. Cozinha, restaurante, *room service*, bar, *snackbar,* serviço de bar.
5. O chefe.
6. Mostra as mesas aos clientes, anota os pedidos.
7. *Room service* se refere ao serviço de alimentos e bebidas nos quartos.
8. Oferece bebidas.
9. É um refrigerador que se encontra nos quartos, dentro do qual o hóspede pode encontrar bebidas alcoólicas, refrescos, petiscos, gelo.

10. a) Compras. d) Distribuição.
    b) Recepção. e) Contratação.
    c) Armazenamento. f) Serviço.

B. Resposta livre.

C. Resposta livre.

UNIDADE XI – DEPARTAMENTO DE CONTABILIDADE

A.

1. Consiste em registrar, resumir ou interpretar as atividades do negócio, suscetíveis de expressar-se em termos monetários.
2. Entradas, saídas, folha de pagamento e dados estatísticos.
3. Refere-se ao ativo circulante, seja em documentos ou em dinheiro por serviços prestados aos hóspedes do hotel.
4. Referem-se ao uso do capital.
5. A preparação de pagamentos de salários, serviços recebidos, comissões etc.
6. Referem-se às comparações de períodos de hospedagem, alimentação e bebidas.
7. Em três, que são contabilidade pública, privada e governamental.
8. Consiste em realizar auditoria e administrar impostos.
9. Consiste em administrar a contabilidade comercial e de custos.
10. Consiste em levar a contabilidade aos órgãos governamentais ou de organizações não-comerciais, as quais têm restrições legais que se referem à maneira como recebem e dispõem os fundos.

B.

1. Básico.
2. Contabilidade.
3. Circulante.
4. Capital.
5. Compras.
6. Empregado.
7. Estatísticos.
8. Modernos.
9. Governamental.
10. *Controler.*

C.

1. Pelo menos uma vez ao ano.
2. Somente registra os dados nos livros para registros financeiros.
3. Estabelece o registro dos dados nos livros e interpreta o sistema nele contido.
4. Efetuavam-se a intervalos fixos de tempo, podendo ser trimestral, semestral ou anual.

5. Utilizam os serviços de contadores públicos.
6. Realiza auditorias e administra os impostos.
7. Pode solicitar os serviços de um CPT.
8. Administra a contabilidade comercial e os custos.
9. Algumas vezes requer que os contadores que a exercem tenham conhecimentos de legislação.
10. Oferece ao público um serviço social.

D. Resposta livre.

E. Resposta livre.

UNIDADE XII – DEPARTAMENTO PESSOAL

A.

1. Habitações, restaurantes e cafés, bares, lojas, centros noturnos, piscinas, balneário de águas termais, salas para convenções e conferências, auditórios, salões de festas de diferentes tamanhos etc.
2. Atrair pessoas em número suficiente para cobrir os postos vagos.
3. Recrutamento, solicitação de emprego, entrevista prévia, seleção, contratação.
4. O ato de atrair ao futuro funcionário, mediante anúncios na imprensa e outros meios de difusão.
5. Os dados pessoais do solicitante, sua escolaridade, experiências anteriores e nomes de pessoas que possam testificar que os dados da solicitação sejam verdadeiros e, particularmente, a honestidade do candidato.
6. Tem como objetivo que o chefe do pessoal aplique ao candidato um teste e o entreviste com o objetivo de dispor de dados para emitir sua opinião.
7. Os testes servem para explorar diversas características da personalidade.
8. Considera o mais competente, estável e que possa prestar um serviço prolongado.
9. Implica submeter o novo empregado a um exame médico e registrá-lo.
10. a) Cópia do contrato de trabalho.
    b) Atestado de saúde.
    c) Resultado das provas de habilidade e inteligência.
    d) Formulário de inscrição na Previdência Social.

B.Resposta livre.

C. Resposta livre.

D. Resposta livre.

UNIDADE XIII – DEPARTAMENTO DE SEGURANÇA

A.

1. É composto pelo chefe de segurança e agentes de segurança.
2. Receberam treinamento policial especial, conhecem as leis estaduais, municipais e cooperam ativamente com as autoridades policiais.
3. Vigilância, controles dos armários do pessoal, cartão de ponto, evitar que os hóspedes saiam sem pagar.
4. Com a finalidade de evitar roubos e incêndios, detectar hóspedes não registrados, manter a ordem, manter a ordem nos eventos celebrados no hotel.
5. Dispondo de cópias das chaves dos armários, revistá-los periodicamente.
6. Próximo à porta lateral ou nos fundos do hotel, por onde entram e saem os funcionários.
7. Com o objetivo de controlar a pontualidade e a assiduidade dos empregados.
8. Coordenando sua vigilância com o caixa, a governanta e os *bellboys*.
9. Detalhamento de tudo que ocorreu durante o turno.
10. Ao chefe de segurança.

B. Resposta livre.

C. Resposta livre.

D. Resposta livre.

Manual do Professor

Introdução

Administração Hoteleira, parte I, pretende proporcionar ao estudante de turismo orientação sobre a administração de estabelecimentos de alojamentos, baseada na informação contida nos textos de cada unidade, nas ilustrações e na ampla gama de exercícios implícita nas unidades.

O autor, com o firme propósito de orientar ao professor o uso dessa obra pedagógica, preocupou-se em elaborar o presente manual, no qual desenvolve três partes, relativas ao plano de aula, sugestões de uso dos elementos que integram as lições e apoio didático.

Na parte referente ao plano de aula, aparecem os seis elementos que integram o plano propriamente dito e algumas observações úteis de elaboração e uso deste.

Com relação às sugestões para uso dos passos que integram o plano de aula, o autor faz ampla descrição dos passos em questão, incluindo algumas sugestões para uso adequado.

No item relativo à apresentação são propostas várias técnicas de ensino com suas características próprias, que são amplamente conhecidas no magistério.

Como se poderá observar, este livro de texto inclui muitos exercícios, com três finalidades distintas: a) reforçar algum tema, b) propiciar a criatividade do aluno, e c) elaborar trabalhos de pesquisa; razão pela qual essa parte contém três itens que salientam os temas estudados e os exercícios de maior importância para cada uma das finalidades mencionadas.

A última seção, referente aos apoios didáticos, faz a descrição de alguns exemplos de apoio de ensino auditivos, visuais, audiovisuais e impressos muito conhecidos no âmbito do magistério.

Para concluir, cabe destacar que as sugestões que se fazem são basicamente um guia para o uso dessa obra, e o professor poderá enriquecê-las com suas próprias idéias.

Plano de aula

Indubitavelmente, é indispensável que todo professor prepare passo a passo o procedimento de seu plano de aula com antecedência.

Em alguns casos é conveniente preparar um plano de aula para cada uma das aulas de uma semana antecipadamente, a fim de prever o tempo estimado para cada atividade.

Uma aula-padrão requererá que o professor considere, antes de elaborar o plano de aula, o seguinte:

a) a técnica que empregará para realizar a apresentação e verificação da compreensão do novo tópico;
b) o tipo de exercícios e utilidade destes;
c) o material de apoio que vai utilizar;
d) as horas-aula que serão utilizadas para cobrir o tema.

Em função dos conteúdos desenvolvidos, o professor poderá elaborar um plano semanal, no qual realize diariamente todas as atividades implícitas no plano de aula, como segue:

Elementos	*I*	*II*	*III*	*IV*	*V*	*VI*
Primeiro dia						
Segundo dia						
Terceiro dia						

Esse plano de trabalho oferece ao professor a vantagem de poder fazer referência, em determinado momento, ao tema da aula anterior e de poder relacioná-lo com a aula seguinte.

Os seis passos que o professor deverá levar em consideração ao elaborar seu plano de aula são os seguintes:

1. Chamada.
2. Regressar à tarefa realizada na aula anterior.
3. Rápida revisão da aula anterior.
4. Apresentação do tema.
5. Atividade a realizar pelo grupo durante ou após a aula para reforçar o tema:

    a) exercícios do texto;
    b) projeção de slides ou filmes;
    c) visita a hotéis.

6. Passar tarefa.

Em relação ao plano de aula, é conveniente que o professor:

1. Abra uma ficha para cada grupo na qual faça todas as anotações relativas a conteúdos desenvolvidos, objetivos correspondentes (no caso de dispor de um programa por objetivos), observações, tais como os temas desenvolvidos, ou se o tema não foi apreendido conforme o esperado, e por isso terão de ser revisados.

2. Faça um esforço para memorizar cada passo do plano de aula, para não ter de consultá-lo continuamente.

3. Prepare um ficha pequena que possa ter à mão que contenha a informação essencial necessária para realizar o plano de aula sem omitir detalhes. Por exemplo, na ficha se poderá anotar alguma chave que permita ao professor lembrar de algum detalhe do plano de aula, ou determinado passo da apresentação que deseja enfatizar, alguma informação disponível que não apareça no texto (com a qual o professor possa enriquecer o tema ou a aula) e perguntas adicionais que deseja apresentar a seus alunos também poderá anotar alguma informação adicional, prevendo a necessidade de alguma atividade extra.

Técnicas de uso dos passos que integram o plano de aula

Este tema está intimamente ligado ao plano de aula, uma vez que pretende proporcionar ao professor uma explicação detalhada dos procedimentos necessários para realizar todas as atividades do plano de aula.

Fazer chamada. Deve-se passar a lista de chamada no início da aula, procurando fazer com que o grupo fique em silêncio, para não omitir nenhum aluno e tomar um tempo mínimo para realizar esse procedimento.

Devolver a tarefa. É conveniente levar um registro individual das tarefas realizadas pelos alunos, para avaliar sua participação, além de devolver as tarefas corrigidas. Se há tempo e o professor considerar oportuno, anotará na lousa os erros mais comuns encontrados nas tarefas. Posteriormente, os próprios alunos irão à lousa para fazer as devidas correções, supervisionado pelo professor. Essa atividade permitirá retroalimentar o tema anterior.

É aconselhável que diferentes alunos possam ir à lousa para corrigir os erros, para dar oportunidade a todos e tornar a aula mais interativa.

Revisão rápida da aula anterior. Sempre que disponha de tempo, é conveniente fazer uma revisão da aula anterior, que permitirá retroalimentar o tema em questão.

Apresentação do tema. Para desenvolver esse passo do plano de aula, é necessário que o professor escolha a técnica mais adequada, com base em determinados critérios importantes como: a efetividade e o aproveitamento em alcançar os objetivos, o conteúdo, as necessidades e as características dos alunos, os recursos e os meios disponíveis etc.

Enfatizando o que foi visto, apresentamos a seguir a descrição de algumas técnicas de ensino mais utilizadas e conhecidas, para que o professor escolha as que melhor se adeqüem a suas aulas.

Técnicas de ensino	*Características*
Pesquisa em grupos	Grupos pequenos de alunos que realizam pesquisas determinadas nos diferentes setores dos hotéis, sendo o professor o guia. O grupo escolhe um líder ou chefe, e

	juntos estabelecem normas de trabalho. Desenvolve o espírito científico e a capacidade de colaboração.
Leitura comentada	Leitura de um texto que é interrompida a cada momento para fazer comentários e esclarecimentos. Participam simultaneamente o professor e os alunos.
Aula expositiva	Exposição oral efetuada pelo professor aos alunos. Pode conter as seguintes partes: apresentação do tema, desenvolvimento em partes lógicas, síntese e conclusão crítica.
Aula expositiva com perguntas	Explanação feita pelo professor ou alunos. Permite a participação ao ser interrompida ou seguida por questionamentos.
Estudo supervisionado ou dirigido	Os alunos guiados pelo professor efetuam o estudo quase de forma independente. Permite adquirir, fixar, integrar e ampliar o conhecimento.
Fórum	Apresentação breve do assunto, por um orador, seguida por perguntas, comentários, recomendações.
Discussão	Procedimento ativo de trabalho intelectual, de intercâmbio de conhecimentos e informações, pelos alunos, com a orientação do professor. É necessária a preparação prévia do aluno.
Debate	Feito quando existem divergências no tratamento de um tema em uma competição intelectual que deve ser levada em clima de liberdade, tolerância e disciplina. Escolhe-se um moderador, que faz a apresentação do tema, destaca os pontos a discutir e o objetivo do debate.
Seminário	É mais amplo que os anteriores. Sua duração depende da extensão e profundidade do tema, bem como do tempo disponível. Pode incluir a discussão e o debate. Expõe-se o tema, efetua-se a discussão, amplia-se ou explica-se determinada informação e apresentam-se conclusões. O professor é o moderador e o guia. Orienta a capacidade de pesquisa e fomenta o raciocínio objetivo.

Exposição de idéias	Os alunos, orientados pelo professor, expõem com liberdade suas idéias sobre um tema ou problema, com o objetivo de contribuir com informações ou soluções novas. Pretende-se desenvolver a imaginação criadora.
Estudo de casos	O grupo analisa exaustivamente um problema ou "caso" particular, a partir de seus conhecimentos, experiências e motivações sob orientação do professor.
Simpósio	Uma equipe de especialistas desenvolve diferentes aspectos de um tema, sucessivamente. Ao final podem apresentar perguntas. O objetivo é obter informação autorizada.
Mesa-redonda	Uma equipe de especialistas sustenta pontos de vista diferentes sobre um tema. São dirigidos por um moderador. A finalidade é obter informação especializada e atualizada sobre um tema a partir da confrontação de diversos pontos de vista.
Phillips 66	Um grupo grande se divide em subgrupos de seis integrantes com a finalidade de discutir durante seis minutos um tema e chegar a uma conclusão. Das informações de todos os subgrupos, obtém-se uma conclusão geral. Cada subgrupo tem um presidente. O professor orienta a participação geral.
Cochicho	Em um grupo, os alunos dialogam simultaneamente de dois em dois, para discutir sobre um problema predeterminado ou surgido no momento da aula. Pretende-se levantar a opinião geral do grupo.
Redescobrimento	O professor formula perguntas que suscitam dúvidas, organiza as diferentes experiências, observações e pesquisas: guia os alunos até que cheguem a conclusões por si mesmos. Poderão ser também apresentados casos semelhantes de um fenômeno ou feito em diferentes circunstâncias, induzindo-os a buscar a explicação geral. Possibilita a capacidade de observação, raciocínio, reflexão e trabalho cooperativo.

Círculo	Os alunos dividem-se em pequenos grupos, com a finalidade de analisar, discutir, resumir um conhecimento ou feito. O tempo neste caso é determinado de acordo com necessidades e condições específicas.

Atividades que se realizarão para reforçar a apresentação

Cabe mencionar que cada uma das unidades inclui uma ampla variedade de exercícios com finalidades diversas, isto é, para reforçar algum tema, que requer somente que o aluno releia o texto para poder fazê-los. Esses exercícios geralmente são curtos, de completar, múltipla escolha, verdadeiro ou falso e de relacionar. Certos exercícios de completar solicitam preencher algum formulário com informações fictícias que o professor propõe aos alunos. A seguir, uma relação de unidades que contêm esse tipo de exercício. Estes não oferecem grandes dificuldades, porque as instruções apresentam alguns dados e os que restam não requerem maiores explicações, pois basta apenas observar e analisar os itens e as colunas para poder completá-los.

Unidade II	Indústria Hoteleira (exercício D).
Unidade V	CPCT (PABX) (exercício B).
Unidade VI	Departamento de Governança (exercício C).
Unidade VIII	Departamento de Manutenção e Redecoração (exercício B).
Unidade X	Departamento de Alimentos e Bebidas (exercícios B e C).
Unidade XII	Departamento Pessoal (exercício B).
Unidade XIII	Departamento de Segurança (exercício D).

Com relação aos exercícios para desenvolver a criatividade dos alunos, ou seja, os relativos ao desenho de formas e elaboração de diálogos sobre algum incidente cotidiano no âmbito hoteleiro, enumeram-se a seguir as unidades que contêm esse tipo de exercícios, bem como algumas idéias e sugestões para os professores:

Unidade IV	Departamento de Recepção (exercício D).
Unidade VI	Departamento de Governança (exercício D).
Unidade IX	Departamento de Vendas (exercício C).
Unidade XIII	Departamento de Segurança (exercícios B e C).

Sugestões: a maioria desses exercícios apresenta elaboração de diálogo, razão pela qual se sugere ao professor que esse trabalho seja realizado pelos alunos em grupos de quatro a seis integrantes aproximadamente. O professor poderá acrescentar detalhes às situações de diálogos, se achar necessário; também selecionará os melhores diálogos, que poderão ser lidos a todos os alunos, e a um dado momento poderá submetê-los a competição. O professor poderá utilizar esses diálogos como material didático, para exemplificar algumas situações próprias do âmbito hoteleiro. O exercício B da unidade XIII é outra modalidade de criatividade, que necessita que o professor proporcione a seus alunos as informações relativas aos dados contidos no início. Finalmente, os exercícios que requerem que os alunos façam pesquisas são enumerados a seguir, bem como algumas sugestões pertinentes:

Unidade III	Estabelecimentos para Alojamento (exercício D).
Unidade IV	Departamento de Recepção (exercício C).
Unidade V	CPCT (PABX) (exercício C).
Unidade VIII	Departamento de Manutenção e Redecoração (exercício D).
Unidade IX	Departamento de Vendas (exercício D).
Unidade XI	Departamento de Contabilidade (exercício D).
Unidade XII	Departamento Pessoal (exercício D).

Sugestões: quase todos esses exercícios requerem que os alunos visitem vários departamentos dos hotéis, motivo pelo qual sugere ao professor que será necessário agendar previamente a entrevista com a autoridade de algum hotel escolhido, para assegurar que a visita dos alunos tenha um bom resultado. Se o professor considerar conveniente, pode ampliar a requisição de dados.

Outros exercícios requerem consultar bibliografia adicional, como no caso das unidades VIII e XI sobre decoração de interiores ou planejamento de gramados e jardins, no primeiro caso, e sobre contabilidade, no segundo caso, razão pela qual sugere que o professor ofereça a seus alunos uma bibliografia adicional e limite a extensão do trabalho.

Complementando, solicita ao professor que, freqüentemente, projete a seus alunos filmes ou slides que podem ser obtidos por meio de companhias aéreas, companhias navais, agências de viagens, secretaria de turismo ou de qualquer instituição envolvida com a indústria turística.

Designação de tarefas

É preciso ter um minucioso cuidado ao designar a tarefa devendo planejar rotinas simples para sua designação. Por exemplo:

a) Anotará na lousa, pouco antes do final da aula, em que consistirá a tarefa.
b) Evitará dar tarefas em feriados, quando os alunos forem fazer algum exame, mesmo que seja de outra matéria.
c) Designará uma quantidade razoável de tarefas que tome aproximadamente trinta minutos cada uma, três vezes na semana. Lembre-se de que os alunos estão estudando simultaneamente outras matérias.
d) Designará a eles alguma atividade, como, por exemplo, responder a algum exercício do livro, enquanto estiver anotando a tarefa na lousa.

Recursos didáticos

Os recursos didáticos são auxiliares que apóiam a comunicação de mensagens auditivas, visuais e audiovisuais. Os aparelhos e os materiais de ensino não são apoio em si mesmos, adquirem essa denominação quando se relacionam com a transmissão de informações. Os meios são representação, cópia da realidade que refletem.

Seus propósitos, entre outros:

a) apoiar e estimular a atividade dos alunos;
b) facilitar a percepção, aquisição e retenção do conhecimento;
c) fazer a informação mais objetiva.

Por outra parte, sugere-se aos professores que selecionem aqueles recursos de ensino que:

a) sejam adequados às técnicas de ensino e aos objetivos predeterminados;
b) utilizem vários meios combinados para aproveitar vários canais receptivos;
c) conheçam previamente suas características, seu conteúdo, suas limitações, assim como equipamentos e instalações físicas que requerem seu uso;
d) utilizem esses recursos com habilidade e prudência.

Cabe salientar que mesmo quando os apoios didáticos sejam sumamente úteis, de maneira nenhuma substituem o professor.

Segue uma série de apoios de ensino e alguns exemplos destes, com a descrição correspondente.

Os tipos de apoio podem ser auditivos, visuais, audiovisuais ou impressos. Como exemplo de recurso auditivo está o gravador. Os professores que disponham desse aparelho deverão tirar dele o máximo proveito. O gravador é um valioso auxiliar de muitos usos. Por exemplo, pode ser utilizado para se fazer ditado, principalmente se o professor tem alunos no mesmo nível aos quais possa oferecer o mesmo texto. Também pode ditar provas, fazer várias descrições etc. As fitas têm a vantagem da repetição das gravações quantas vezes for necessário. Essas possibilidades nem sempre são as de um professor que dá muitas aulas por dia.

Os recursos visuais são muitos. Inicialmente a lousa, por ter-se constituído em ferramenta indispensável para todos os professores. Seu uso é bastante abrangente, pois ainda a escola mais humilde pode dispor de uma.

Flanelógrafo. Esse valioso auxiliar didático é uma peça de flanela de baixo custo, presa a um quadro de madeira sobre o qual se pode aderir figuras de papel que tenham na parte posterior colado um pedaço de lixa de água ou da própria flanela, para que possa aderir facilmente ao flanelógrafo. Pode ser utilizado para exemplificar pacotes turísticos, figuras sobre quartos de hotel simples, duplas, suítes, logotipos de cadeias de hotéis, uniformes de mensageiros, porteiros etc.

Ilustrações. As cartolinas com ilustrações podem ser colocadas nas salas de aula, ou usadas separadas, seja individualmente ou em conjunto. As ilustrações são também um valioso auxiliar didático visual que o professor poderá utilizar para:

1. Apresentar diferentes situações do âmbito hoteleiro. Por exemplo: um hóspede registrando-se, uma camareira limpando um quarto, um *maître* anotando um pedido em um restaurante etc.
2. Estabelecer comparações entre uma unidade habitacional simples, dupla ou uma suíte.
3. Mostrar aos alunos ilustrações de diferentes tipos de hotéis. Por exemplo, hotéis de centros de férias, hotéis-cassino, hotéis metropolitanos etc.
4. Apresentar aos alunos diferentes tipos de decoração de interiores de hotéis ou diferentes projetos de gramados e jardins.

Slides. Esse material é o adequado para que os alunos possam apreciar os muitos aspectos do âmbito hoteleiro, como os diferentes departamentos de um hotel.

Maquetes. São muito úteis em virtude de os alunos poderem apreciar facilmente a distribuição dos quartos de um hotel, bem como todas as instalações deste.

Retroprojetor. Esse aparelho tem ganhado muitos adeptos por vários motivos: permite ao professor fazer sua apresentação em um salão iluminado por meio de transparências montadas em um retângulo de cartolina e coladas em sua borda, e que são colocadas no retroprojetor para serem projetadas. Ao mesmo tempo permite ao professor escrever ou fazer alguns traços rápidos de linhas sobre as transparências. Esse material tem a vantagem de poder escrever sobre ele com um lápis de cera ou de qualquer material solúvel em água e que pode ser apagado facilmente.

Os recursos visuais fazem que os alunos concentrem sua atenção no desenvolvimento da aula, permitindo também participar desta. O material em questão pode ser de grande utilidade para:

a) projetar ilustrações relacionadas com o tema de hotelaria;
b) escrever orações ou parágrafos.

Os recursos audiovisuais são material confiável para que os alunos apreciem muitos aspectos do meio turístico, como é o caso do projetor de filmes.

Recursos impressos. Esse tipo de meio inclui uma ampla gama de materiais como o que segue:

- *Livro-texto.* Sem dúvidas, o livro é um valioso auxiliar didático, e o professor deverá aproveitar o máximo dele e dar-lhe vida por meio do uso adequado. É claro que é indispensável que o professor se familiarize profundamente com o texto antes de usá-lo. O texto poderá combinar-se com outros auxiliares didáticos, tais como gravador, vídeo etc.

Por outro lado o professor deverá ter em conta que não necessariamente tem de seguir a seqüência dos exercícios ou das próprias unidades, tal como aparecem no texto, pois se considerar conveniente poderá mudar a ordem destes.

É prudente que os professores que não estejam familiarizados com o texto o leiam e o analisem totalmente, antes de utilizá-lo, com o objetivo de poder manuseá-lo com agilidade e destreza quando for necessário. Também sugerimos que, antes de trabalhar alguma unidade em particular, enumerem e classifiquem todo o material desta, segundo este esquema:

a) tema da lição;
b) atividades para a apresentação;
c) exercícios para fixação e retroalimentação;
d) recursos didáticos adicionais que sejam necessários, como auditivos, visuais, audiovisuais ou impressos.

Dentro da categoria de recursos impressos, considera-se também todos os papéis que os diversos departamentos manipulam, com o qual os alunos podem se familiarizar, ao praticar preenchendo com dados fictícios. A papelada em questão inclui uma ampla variedade de formulários, tais como folhetos descritivos de estabelecimentos de alojamento, pacotes turísticos, tarifários, impressos variados, como requisição de compras de armazéns, cartões de reservas, cartões de registro de hóspedes, relatório de *bellboy*, formulários para recados telefônicos, de chamada local para fazer o cômputo correspondente à conta dos hóspedes, para chamadas telefônicas interurbanas etc.

Impressão e Acabamento
Oesp Gráfica S.A (Com Filmes Fornecidos Pelo Editor)
Dept° Comercial Alameda Araguaia, 1901 - Barueri - Tamboré
Tel. 4195-1805 Fax 4195 - 1384